RAISONNEMENT ET PENSÉE CRITIQUE

paramètres

Martin Montminy

RAISONNEMENT ET PENSÉE CRITIQUE
Introduction à la logique informelle

Les Presses de l'Université de Montréal

Catalogage avant publication de Bibliothèque et Archives nationales du Québec et Bibliothèque et Archives Canada

Montminy, Martin, 1963-

    Raisonnement et pensée critique: introduction à la logique informelle

    (Paramètres)

    ISBN 978-2-7606-2156-5

    1. Raisonnement. 2. Argumentation. 3. Pensée critique. 4. Logique. I. Titre. II. Collection: Paramètres.

BC177.M66 2009   160   C2009-940786-8

Dépôt légal : 2ᵉ trimestre 2009
Bibliothèque et Archives nationales du Québec
© Les Presses de l'Université de Montréal, 2009

Les Presses de l'Université de Montréal reconnaissent l'aide financière du gouvernement du Canada par l'entremise du Programme d'aide au développement de l'industrie de l'édition (PADIÉ) pour leurs activités d'édition.
Les Presses de l'Université de Montréal remercient de leur soutien financier le Conseil des Arts du Canada et la Société de développement des entreprises culturelles du Québec (SODEC).

IMPRIMÉ AU CANADA EN OCTOBRE 2015

À Zed

Introduction

Ce manuel porte sur les raisonnements, sur leur structure et sur les normes qui permettent de les évaluer. Nous sommes fréquemment confrontés à des discours qui veulent influencer nos actions et la façon dont nous pensons certaines choses. Nous entendons souvent des experts prendre fait et cause pour des points de vue opposés sur des questions aussi diverses et importantes que le clonage, la politique économique, et même le sport... On en vient à penser qu'un point de vue particulier n'est qu'une question d'opinion. Mais c'est oublier le fait que même sur des sujets controversés, les positions de chacun devraient s'appuyer sur des *raisons*. Or ces raisons peuvent être adéquates ou non. Bien qu'on ne puisse pas toujours prouver hors de tout doute qu'une position particulière est la meilleure, on a donc tort de croire que toutes les opinions se valent. Ce manuel défend l'idée selon laquelle les opinions peuvent et doivent être soutenues par des arguments rationnels, et qu'il est important de savoir distinguer les raisonnements acceptables de ceux qui ne le sont pas.

La logique informelle a pour objectif de développer des méthodes pour analyser, classifier et évaluer les raisonnements tels qu'ils sont avancés dans le langage familier. Contrairement à la logique formelle, elle n'aspire pas à construire une langue artificielle comportant des règles de raisonnement parfaitement définies. Son objet est la langue de tous les jours, et celle-ci échappe à une complète formalisation. Mais la logique informelle et la logique formelle ne doivent pas être vues comme mutuellement exclusives : nous ferons appel à l'occasion aux méthodes de la logique formelle pour clarifier certains concepts. Nous aurons par exemple recours aux connecteurs logiques (chapitre 4) et aux diagrammes de Venn (chapitre 6) pour nous aider à évaluer les raisonnements. Cependant, nous éviterons autant que possible d'entrer dans les détails techniques.

Deux principes ont présidé à la rédaction de ce livre. Le premier est celui de la concision. Les notions clés sont expliquées brièvement et illustrées par des exemples, et, dans la mesure du possible, les digressions ont été évitées. Le second principe est qu'il n'est pas possible d'acquérir une bonne maîtrise de la logique informelle sans faire des exercices. Ainsi, chaque chapitre du manuel en comporte plusieurs séries, qui permettront au lecteur de mesurer et de raffiner sa compréhension des notions qui auront été exposées. Ce livre attend donc beaucoup de ses lecteurs : on devient bon raisonneur non pas en mémorisant les principes de la logique, mais bien en les mettant en pratique.

Je souhaite remercier les étudiants qui ont suivi mes cours pour leurs nombreux commentaires, qui ont contribué à faire de ce manuel ce qu'il est. Je tiens aussi à remercier l'équipe des Presses de l'Université de Montréal pour le soutien apporté dans la préparation du manuscrit.

1

Qu'est-ce qu'un raisonnement ?

L'objectif de la logique est d'étudier les raisonnements. Cela ne veut pas dire que l'on n'a recours aux raisonnements que lorsque l'on fait de la logique. Des raisonnements sont proposés dans tous les domaines et dans toutes sortes de contextes. On s'appuie sur un raisonnement dès lors qu'on essaie de convaincre quelqu'un de manière rationnelle, autrement dit, lorsque l'on donne des raisons pour la position qu'on soutient. Ces raisons consistent en un ensemble d'énoncés qui sont censés montrer que la position en question est correcte ou vraisemblable.

1. Définitions

Un **raisonnement** est une suite d'affirmations comprenant une conclusion et des prémisses, qui sont énoncées dans l'intention de soutenir la conclusion.

> L'avortement est immoral, car tuer un fœtus est immoral et l'avortement consiste à tuer un fœtus.

Dans ce raisonnement, « L'avortement est immoral » est la conclusion, alors que « Tuer un fœtus est immoral » et « L'avortement consiste à tuer un fœtus » sont les prémisses. Ces deux prémisses sont en effet présentées comme une raison pour soutenir que l'avortement est immoral.

Dans le langage courant, les mots « raisonnement » et « argument » sont souvent employés indifféremment. Mais le mot « argument » est aussi utilisé pour désigner les raisons avancées à l'appui d'un point de vue, autrement dit, pour désigner les prémisses d'un raisonnement, plutôt que le raisonnement lui-même. Étant donné cette ambiguïté, nous avons jugé préférable de nous en tenir au mot « raisonnement » dans ce manuel.

Une **affirmation** est un énoncé que l'on avance comme vrai. Comme une affirmation peut être vraie ou fausse, nous dirons que « vrai » et « faux » sont les deux **valeurs de vérité** possibles d'une affirmation. (Certains philosophes soutiennent qu'une affirmation peut aussi avoir d'autres valeurs de vérité comme « indéterminé » ou « partiellement vrai », mais nous n'entrerons pas dans ce débat.)

La longueur d'un raisonnement

Certains raisonnements peuvent être très courts et ne comporter qu'une seule prémisse :

> Tu devrais apprendre à méditer, car la vraie connaissance vient de l'intérieur.

D'autres raisonnements peuvent être très longs et comporter plusieurs étapes intermédiaires. Un livre entier peut être consacré à la défense d'une thèse centrale. Plusieurs livres ont par exemple été écrits dans le but de confirmer une certaine hypothèse sur l'assassinat de John F. Kennedy. On peut aussi recourir à un très long raisonnement pour soutenir un point de vue sur une question complexe, telle que la théorie du big-bang, la conception keynésienne de l'économie, les vertus d'un nouveau médicament pour le cancer, ou la question de savoir si Adam avait ou non un nombril.

Les mauvais raisonnements

Une suite d'affirmations constitue un raisonnement si ces affirmations sont énoncées dans l'intention de soutenir une conclusion. Par conséquent, même si les affirmations avancées pour défendre une position sont peu convaincantes, on a tout de même affaire à un raisonnement si celles-ci sont présentées comme une *raison* d'admettre cette position.

Ringo a roté trois fois. Les lois de l'arithmétique entraînent donc qu'il a mangé trois hot-dogs ce midi.

Puisque l'intention de l'auteur est de défendre la seconde affirmation en s'appuyant sur la première, il s'agit d'un raisonnement ; un raisonnement farfelu, mais tout de même un raisonnement.

J'ai droit à la plus grosse part du gâteau, parce que c'est moi qui décide.

Certains seraient tentés de dire que l'affirmation qui suit « parce que » est trop puérile pour constituer une raison. Nous dirons plutôt que l'auteur a en fait fourni une raison pour soutenir son point de vue, mais que puisque cette raison n'est pas adéquate, le raisonnement est défectueux. Bref, un raisonnement reste un raisonnement même s'il est mauvais.

Les intentions de l'auteur

La définition que nous avons donnée du raisonnement contient l'expression « dans l'intention de ». Pour déterminer si une suite d'affirmations est ou non un raisonnement, il faut en effet savoir ce que son auteur avait à l'esprit lorsqu'il l'a énoncée. Dans la plupart des cas, cela ne pose pas de problème. Mais il est parfois impossible de savoir si on a affaire à un raisonnement.

Maria a gagné. Jean a perdu.

On peut imaginer différents contextes dans lesquels ces deux affirmations constitueraient un raisonnement. Supposons par exemple que nous ayons appris que Maria avait gagné. Sachant qu'elle jouait contre Jean, nous pouvons conclure que ce dernier a perdu. Dans un tel cas, la conclusion de notre raisonnement serait « Jean a perdu ».

On peut aussi imaginer des contextes dans lesquels le premier énoncé est la conclusion du raisonnement. Imaginons une situation identique, à ceci près que nous apprenons d'abord que Jean a perdu. Une telle information nous permettrait de conclure que Maria a gagné. Dans un tel cas, « Jean a perdu » serait la prémisse du raisonnement.

Mais il est aussi possible que nous n'ayons pas du tout affaire à un raisonnement. Supposons, par exemple, que Jean ne jouait pas contre Maria et que nous souhaitions simplement faire part des résultats de deux matchs à notre auditoire. Dans un tel cas, nous ne proposerions pas un raisonnement ; nous ne ferions que décrire deux événements.

Très souvent, si nous savons dans quel contexte une suite d'affirmations est produite, nous sommes en mesure de déterminer si nous avons affaire à un raisonnement ou non. Une connaissance du contexte peut en effet nous informer sur ce qui motive les énoncés d'une personne. Le ton utilisé par un locuteur peut lui aussi très souvent nous donner des indices sur ses intentions. Pensons, par exemple, à la façon dont un locuteur aurait prononcé les énoncés ci-dessus dans les trois contextes que nous avons imaginés.

Exercices A

Déterminez si les passages suivants contiennent un raisonnement ; le cas échéant, soulignez la conclusion[1].

1. Comme il est inconcevable que toutes les religions soient conformes à la vérité, il est raisonnable de conclure qu'elles sont toutes fausses.
2. Il y a plusieurs systèmes religieux sur terre. Certains ont des millions d'adeptes, d'autres n'en ont que quelques centaines.
3. Ma montre indique quatre heures. Il est donc dix heures en France.
4. Je crois qu'elle ne m'aime plus. Elle ne m'a même pas regardé durant la fête.
5. Henri est un excellent cuisinier. Il fait la cuisine depuis qu'il a dix ans.
6. Henri est un excellent cuisinier. Il est chef à la Boulette Ambrée, qui a une très bonne réputation.
7. Je me sentais un peu malade hier. Mais mon devoir de citoyen était de braver le froid et d'aller voter.
8. Je n'ai pas vu Javier depuis la fin des cours. Il est probablement allé voir ses cousins en Colombie.
9. Les Guignols ont remporté le championnat. C'est ce qu'on a annoncé à la radio tout à l'heure.
10. Les Guignols ont remporté le championnat. Leur entraîneur doit être fier d'eux.

---

1. Tous les exercices de cet ouvrage sont rassemblés en version imprimable sur la page consacrée à cet ouvrage sur le site des Presses de l'Université de Montréal < www.pum.umontreal.ca >.

2. Les indicateurs d'inférence

Heureusement, la langue française comporte des expressions qui nous permettent de rendre explicite notre intention d'avancer un raisonnement. Il s'agit des **indicateurs d'inférence**, qui sont des expressions qui indiquent un lien logique entre différents énoncés. Il y a deux types d'indicateurs d'inférence : les indicateurs de prémisse et les indicateurs de conclusion.

Les indicateurs de prémisse

Dans l'exemple de la section précédente, si nous avions l'intention de mettre en avant un raisonnement, nous aurions pu choisir de nous exprimer ainsi :

> Maria a gagné, puisque Jean a perdu.

L'expression « puisque » est un **indicateur de prémisse**, c'est-à-dire une expression qui sert à annoncer une prémisse. Voici cinq indicateurs de prémisse, parmi les plus communs :

- car
- puisque
- parce que
- étant donné que
- comme

La liste n'est pas complète : toutes sortes d'autres expressions peuvent servir d'indicateurs de prémisse. Ainsi, nous aurions pu dire :

> Maria a gagné. Cela s'ensuit du fait que Jean a perdu.

Le mot « or » est particulier. Dans bien des contextes, il ne joue aucun rôle logique :

> Quand j'étais petit, je croyais au père Noël. Or, un jour j'ai découvert que le père Noël n'existe pas.

Dans ce passage, le mot « or » sert simplement à marquer un moment particulier d'une certaine durée. Il n'indique donc pas une prémisse. Mais le mot « or » est aussi parfois utilisé pour annoncer une prémisse :

Tous les cyclopes préfèrent les monocles aux lunettes. Or, Titi est un cyclope. Par conséquent, Titi préfère les monocles aux lunettes.

Ici, le mot « or » est un indicateur de prémisse, puisqu'il signale la seconde prémisse du raisonnement. Bien qu'il ait un sens différent de celui d'expressions comme « car », « puisque » et « parce que », le mot « or » peut tout de même être considéré comme un indicateur de prémisse dans les contextes comme celui-ci.

Les indicateurs de conclusion

Il existe aussi des expressions qui jouent un rôle d'**indicateurs de conclusion**. En voici quelques-unes :

- par conséquent
- donc
- ainsi
- c'est pourquoi
- il s'ensuit que

Si notre intention était en fait de soutenir que Jean a perdu, nous aurions pu nous exprimer ainsi :

Maria a gagné. Par conséquent, Jean a perdu.

Confusions à éviter

Il ne faut pas confondre les indicateurs d'inférence avec les expressions qui servent à lier différentes affirmations, comme : et ; mais ; de plus ; néanmoins ; évidemment ; par ailleurs. Ces expressions peuvent aussi bien précéder des prémisses que des conclusions. Elles peuvent aussi figurer dans des passages qui ne sont pas des raisonnements.

Tu ne devrais pas tricher aux examens, car tricher est injuste envers les autres étudiants. *De plus*, tu pourrais le payer très cher si l'on te surprenait.

Plusieurs témoins ont vu le suspect avec un revolver près de la banque un peu avant le vol à main armée. Par conséquent, son alibi n'est pas crédible. *De plus*, le suspect était suffisamment armé pour commettre le vol.

Olive est une jument charmante. *De plus*, elle est née tout près d'ici.

Seuls les deux premiers passages sont des raisonnements. Dans le premier passage, l'expression « de plus » précède une prémisse, alors que dans le second, elle précède une conclusion. Cette expression ne peut être considérée comme un indicateur d'inférence.

Exercices B

Chacun des passages suivants contient un raisonnement. Repérez les indicateurs d'inférence et identifiez la conclusion.

1. Sophie a d'excellentes notes à l'école. Elle a donc de bonnes chances de se trouver un emploi l'été prochain.
2. Vous devez investir maintenant, car tous les signes de croissance économique sont présents.
3. Puisqu'on voit le dessous des feuilles, il va bientôt pleuvoir.
4. Isabelle a une crise d'identité. Elle se prend pour Cléopâtre.
5. Les dauphins ont un langage très complexe. Ils sont donc intelligents, car aucun être stupide ne serait capable de maîtriser un tel système de communication.
6. Les sorcières ont des pouvoirs surnaturels. Cela est démontré par le fait que de nombreux documents attribuent de tels pouvoirs aux sorcières. Et il n'y a aucun doute que ces documents sont des sources fiables.
7. La cocaïne affecte le cerveau. Marc a commencé à en prendre l'année dernière, et ses notes sont beaucoup moins bonnes cette année.
8. Les réserves de pétrole sont limitées. Puisque la consommation de pétrole ne cesse d'augmenter, un jour nous aurons épuisé ces réserves.

3. La forme standard

On peut rendre explicite la structure d'un raisonnement en représentant celui-ci sous la **forme standard**, qui consiste à énumérer les énoncés d'un raisonnement un à la suite de l'autre en terminant par la conclusion, que l'on signale par le symbole « $\therefore$ ».

> Comme la peine de mort consiste à tuer une personne, elle est immorale, puisque tuer une personne est immoral.

La structure de ce raisonnement peut être rendue explicite en le représentant sous la forme standard :

La peine de mort consiste à tuer une personne.
Tuer une personne est immoral.
∴ La peine de mort est immorale.

On peut aussi représenter un raisonnement sous la **forme standard annotée**, qui énumère et numérote chacun des énoncés, et ajoute, après une conclusion, le numéro des prémisses qui sont invoquées pour la soutenir. Encore ici, une conclusion doit apparaître au-dessous des prémisses qui l'appuient.

1. La peine de mort consiste à tuer une personne.
2. Tuer une personne est immoral.
3. La peine de mort est immorale. 1, 2

Les numéros qui suivent l'énoncé 3 indiquent que les prémisses 1 et 2 sont invoquées pour le soutenir.

Exercices C

Chacun des passages suivants contient un raisonnement. Soulignez les indicateurs d'inférence et représentez chaque raisonnement sous la forme standard.

1. Karine a probablement perdu son emploi. Je l'ai vue au centre d'emploi la semaine dernière.
2. Tu ne devrais pas manger ce gâteau. Il est trop sucré et plein de gras.
3. Comme il aime beaucoup les enfants, Antoine ferait un excellent père de famille. En plus, les enfants adorent jouer avec lui.
4. Frédéric a un tatouage de tête de mort sur l'avant-bras. Pour cette raison, il ne pourra jamais devenir premier ministre du Canada.
5. On ne peut séparer la politique de la morale. Or, comme la religion est au fondement de la morale, la politique et la religion sont essentiellement liées.
6. Il fera beau demain, car nous avons une superbe nuit étoilée. En outre, la pression atmosphérique est à la hausse.

4. Les raisonnements complexes

Certains raisonnements comportent plusieurs étapes intermédiaires, ou plusieurs raisonnements simples, qui sont combinés pour produire un raisonnement complexe. Une **inférence** est un raisonnement simple ; autrement dit, un raisonnement qui ne comporte qu'une seule conclusion (mais qui peut comporter plusieurs prémisses).

Un **raisonnement complexe** comporte plus d'une inférence. Dans un raisonnement complexe, les conclusions de certaines inférences sont elles-mêmes utilisées comme des prémisses d'autres inférences. On appelle **conclusion intermédiaire** un énoncé qui joue le double rôle de conclusion d'une inférence et de prémisse d'une autre inférence. Un raisonnement complexe comporte donc au moins une conclusion intermédiaire. Le point final d'un raisonnement complexe, là où l'auteur veut en venir, est la **conclusion finale**, qui est une conclusion qui n'est pas elle-même utilisée comme prémisse. Les **prémisses de base** d'un raisonnement complexe sont les prémisses qui ne sont pas aussi des conclusions. Ainsi, tout énoncé d'un raisonnement complexe est ou bien une prémisse de base, ou bien une conclusion intermédiaire, ou bien la conclusion finale.

> Tuer un fœtus est immoral, car un fœtus est un être humain, et tuer un être humain est immoral. Comme l'avortement consiste à tuer un fœtus, cette pratique est immorale.

Ce passage contient un raisonnement complexe, car il comporte deux inférences. La forme standard annotée est très utile pour représenter les raisonnements de ce type, puisqu'elle permet d'indiquer les prémisses qui sont invoquées pour appuyer une conclusion donnée.

> 1. Un fœtus est un être humain.
> 2. Tuer un être humain est immoral.
> 3. Tuer un fœtus est immoral. 1, 2
> 4. L'avortement consiste à tuer un fœtus.
> 5. L'avortement est immoral. 3, 4

On peut aisément constater que le raisonnement comporte deux inférences : l'une s'appuie sur les prémisses 1 et 2 pour soutenir la conclusion 3, et l'autre part de 3 et 4 pour arriver à 5. Ainsi, l'énoncé 3 est une conclusion intermédiaire, car il est la conclusion de la première inférence et une prémisse de la seconde. L'énoncé 5 est la conclusion finale et les énoncés 1, 2 et 4 sont des prémisses de base.

Exercices D

Chacun des passages suivants contient un raisonnement complexe. Repérez les indicateurs d'inférence et représentez le raisonnement sous la forme standard annotée.

1. Comme Paul ne cesse de parler, Lucie va un jour ou l'autre se fâcher contre lui. Et lorsque Lucie se fâche contre quelqu'un, en général, elle a de la difficulté à maintenir une relation avec cette personne. Par conséquent, Lucie sera bientôt célibataire.
2. Étant donné que le gouvernement a réduit les impôts, il consacrera moins d'argent à l'éducation. Par conséquent, les étudiants devront payer plus cher pour obtenir leur diplôme.
3. L'ampoule est brûlée. J'ai appuyé sur l'interrupteur et elle ne s'est pas allumée. Il va falloir en acheter une autre.
4. J'ai été marié quatre fois; chacun de mes mariages a résulté en un divorce. Mes quatre mariages étaient donc quatre erreurs. C'est pourquoi je pense que c'est une erreur de se marier.
5. Le détective ne sera pas un témoin très convaincant, car il a la réputation d'être raciste. L'accusé sera donc probablement acquitté.
6. Des dizaines de personnes disent avoir vu Elvis Presley cette année. Il doit donc être encore en vie, puisqu'il n'est pas possible qu'autant de personnes soient dans l'erreur. Il est donc possible qu'Elvis fasse un retour sur scène bientôt.
7. Tu devrais cesser de fumer. Tout d'abord, si tu cesses de fumer, les risques que tu développes le cancer du poumon seront moins élevés. Ensuite, si tu deviens non-fumeur, tu auras de meilleures chances de te faire des amis, car les non-fumeurs sont beaucoup mieux perçus que les fumeurs.
8. L'étude de la philosophie est excellente pour développer l'esprit critique, puisque la philosophie met l'accent sur l'argumentation. Tu as bien fait de choisir l'Université d'Ottawa, car les cours de philosophie y sont obligatoires.
9. Les accidents de voiture n'ont rien à voir avec les vitesses élevées. En Allemagne, sur les autoroutes, il n'y a pas de limitations de vitesses et

il y a très peu d'accidents. Nous devrions donc ici aussi éliminer les limitations de vitesses.

5. Les énoncés implicites

Certains raisonnements comportent des prémisses ou des conclusions qui sont implicites, c'est-à-dire des prémisses ou des conclusions qui ne sont pas énoncées explicitement. Un **énoncé implicite** doit être considéré comme un élément du raisonnement, lorsqu'il y a de bonnes raisons de croire que l'auteur de ce raisonnement avait cet énoncé à l'esprit, mais n'a pas pris la peine de le rendre explicite puisqu'il jugeait qu'il était suffisamment évident dans le contexte. La très grande majorité des raisonnements que l'on rencontre dans la vie courante comportent des énoncés implicites. En effet, très souvent, l'énoncé complet de toutes les étapes d'un raisonnement alourdirait inutilement le texte ou la conversation ; pour cette raison, on préfère omettre les énoncés qui devraient être évidents pour toutes les personnes concernées. (Par exemple, dans le raisonnement présenté à la section précédente, nous avons énoncé à des fins pédagogiques des prémisses qui auraient sans doute été omises par quelqu'un qui ne souhaiterait pas passer pour pédant.)

> Une loi contre les drogues douces n'est acceptable que si elle peut aisément être mise en application. Malheureusement, une telle loi ne peut aisément être mise en application.

Bien qu'aucune conclusion ne soit présente, il est raisonnable de penser qu'il s'agit d'un raisonnement. L'auteur a considéré qu'il n'était pas nécessaire d'énoncer la conclusion de son raisonnement, puisque celle-ci lui paraissait évidente. On peut en effet aisément se rendre compte du fait que l'auteur veut soutenir qu'une loi contre les drogues douces n'est pas acceptable.

> Robert ne peut être l'auteur du crime, puisqu'il n'est pas chauve.

Sans connaître Robert ni avoir jamais entendu parler du crime dont il est question, vous pouvez tout de même savoir qu'une prémisse implicite de ce raisonnement est « L'auteur du crime est chauve ».

La tâche de l'auteur d'un raisonnement est de se faire bien comprendre. Cela veut dire qu'idéalement, seuls les énoncés qui sont évidents étant donné le contexte devraient demeurer implicites. Il revient donc à l'auteur de s'assurer que les raisonnements qu'il avance soient suffisamment détaillés pour éviter que ses lecteurs ou auditeurs ne soient contraints à tenter de deviner quels sont les énoncés implicites.

La tâche de l'auditeur ou du lecteur est de comprendre le mieux possible l'auteur. Il peut arriver qu'il y ait différentes façons de comprendre ce qu'un auteur a dit. Dans de tels cas, notre interprétation doit être conforme au **principe de charité**, c'est-à-dire qu'elle doit rendre le point de vue de l'auteur aussi *vraisemblable* et *raisonnable* que possible, étant donné les circonstances. Le principe de charité doit être invoqué lorsque nous devons déterminer quels sont les énoncés implicites d'un raisonnement.

David parle français, car il habite en France.

Quelle est la prémisse implicite de ce raisonnement? On pourrait hésiter entre trois possibilités :

(a) Toutes les personnes qui habitent en France parlent français.
(b) La plupart des personnes qui habitent en France parlent français.
(c) Certaines personnes qui habitent en France parlent français.

On a dit que le principe de charité recommande d'attribuer à l'auteur la prémisse qui rend son point de vue à la fois vraisemblable et raisonnable. Autrement dit, la prémisse proposée devrait elle-même être vraisemblable, et elle devrait renforcer le lien entre les prémisses et la conclusion, rendant la croyance en celle-ci raisonnable. Commençons par le caractère vraisemblable des trois options. L'énoncé (a) n'est pas très plausible, puisqu'il est fort possible que certains habitants de la France ne parlent pas français. Les énoncés (b) et (c) sont par contre tous deux vraisemblables. Qu'en est-il du caractère raisonnable des trois options? Si on ajoutait la prémisse (c) au raisonnement, on obtiendrait une inférence assez faible, puisque (c) n'entraîne pas que la probabilité que David parle français soit très élevée. L'ajout de cette prémisse ne rendrait donc pas le point de vue de l'auteur très raisonnable : elle ferait de lui un mauvais raisonneur. Les énoncés (a) et (b) sont nettement supérieurs à cet égard, le premier ayant un léger avantage sur le second, car son ajout rendrait la conclusion certaine plutôt que probable. Cependant, si l'on tient compte simultanément des deux conditions imposées par le principe de charité, c'est l'énoncé (b) qui l'emporte. Le principe de charité recommande donc de considérer (b) comme la prémisse implicite du raisonnement.

Exercices E

Identifiez les énoncés implicites dans les raisonnements suivants et représentez ceux-ci sous la forme standard.

1. Les enfants n'ont pas le droit de vote. Alexandre et Sabine n'ont donc pas le droit de vote.
2. Tristan est probablement snob. Il a fait ses études au Collège Saint-Jean-Baptiste de La Croix de Chevrières.
3. On ne devrait jamais dire que quelqu'un est coupable avant qu'il ait été jugé. Or, Louis n'a pas encore été jugé.
4. Hélène n'aimera pas la soupe, car elle contient de l'ail.
5. Titus est un pit-bull. On ne devrait pas laisser les enfants seuls avec lui.
6. Toute propagande est dangereuse. Or, les campagnes électorales sont une forme de propagande.
7. *Voice of Fire* est une œuvre difficile à apprécier, car c'est une peinture abstraite.
8. La meilleure façon de réduire la criminalité, c'est de rétablir la peine de mort.
9. Les éléphants sont plus intelligents que les êtres humains. Leur cerveau est presque deux fois plus lourd que le nôtre.

6. Questions, ordres et exclamations

Selon la définition proposée à la première section de ce chapitre, un raisonnement est constitué d'affirmations, c'est-à-dire d'énoncés qui sont susceptibles d'être vrais ou faux. Comme les questions, les ordres et les exclamations ne sont pas des affirmations, ils ne peuvent faire partie de raisonnements. Cependant, l'usage courant permet d'avoir recours à de tels énoncés dans des raisonnements.

> Me prends-tu pour un idiot ? Julien ne pourrait jamais me battre aux échecs.

Il semble bien que la question « Tu me prends pour un idiot ? » serve à soutenir la conclusion « Julien ne pourrait jamais me battre aux échecs ». Mais comme elle n'est pas une affirmation, elle ne peut à strictement parler être considérée comme une prémisse. Pour régler ce problème, nous devons réécrire cet énoncé sous la forme d'une affirmation :

Je ne suis pas un idiot.
∴ Julien ne pourrait jamais me battre aux échecs.

Voici un autre exemple :

Quelle joueuse extraordinaire ! Elle ne manque jamais une occasion de marquer un but.

Ici, le premier énoncé exprime une conclusion. En reformulant cet énoncé, on peut représenter le raisonnement comme suit :

Elle ne manque jamais une occasion de marquer un but.
∴ Elle est une joueuse extraordinaire.

Un ordre ou, plus généralement, un énoncé au mode impératif peut aussi être utilisé dans le contexte d'un raisonnement :

Viens ici. Je veux te parler.

Dans ce cas-ci, on a :

Je veux te parler.
∴ Tu dois venir ici.

Il n'existe pas de méthode universelle pour déterminer si une question, une exclamation ou un ordre doit être considéré comme faisant partie d'un raisonnement. Nous devons exercer notre discernement et interpréter la suite d'énoncés en nous appuyant sur le principe de charité, c'est-à-dire en prêtant à l'auteur les intentions les plus vraisemblables et raisonnables possibles.

Exercices F

Chacun des passages suivants contient un raisonnement. Représentez chaque raisonnement sous la forme standard en reformulant les énoncés qui ne sont pas des affirmations.

1. Bien sûr que les ordinateurs peuvent penser ! Le champion du monde d'échecs est un ordinateur.
2. Cela ne sent pas le fromage. Cela ne ressemble pas à du fromage. Cela ne goûte pas le fromage. Comment cela pourrait-il être du fromage ?
3. Va-t'en ! Tu me dégoûtes.
4. Cesse d'insulter ton patron ! Tu vas perdre ton emploi.

5. L'euthanasie doit rester illégale. Quand va-t-on se rendre compte que si on commence à tuer les patients en phase terminale, on va tôt ou tard se mettre à tuer les handicapés, les vieillards et les pauvres ?
6. Quelle journée fantastique ! Cet après-midi, j'ai rencontré mon idole Gérard Girard. Plus tard, nous sommes allés manger chez Serge Brouillard. Et ce soir, nous allons regarder *Les Parapets de Sherbrooke*, mon film favori.

7. Raisonnements et explications

Considérons le passage suivant :

Antonio Baritoni est un criminel parce qu'il a eu une enfance difficile.

L'expression « parce que » est un indicateur de prémisse. Sa présence semble indiquer qu'il s'agit d'un raisonnement, mais un moment de réflexion montre que cela n'est pas le cas. En effet, l'auteur n'essaie pas de démontrer que Baritoni est un criminel ; cela semble être un fait pris pour acquis. Il essaie plutôt d'expliquer pourquoi Baritoni est un criminel ou, si l'on veut, ce qui l'a amené à devenir un criminel. Nous n'avons donc pas affaire à un raisonnement ici, mais à une **explication**, c'est-à-dire une suite d'affirmations qui tente de rendre compte d'un certain état de choses.

Il n'est pas toujours facile de distinguer un raisonnement d'une explication. Si l'auteur cherche à nous convaincre de l'existence d'un état de choses en nous donnant des raisons de croire que cet état de choses existe réellement, il s'agit d'un raisonnement ; s'il cherche simplement à expliquer l'existence de cet état de choses, en tenant celle-ci pour acquise, alors nous avons affaire à une explication. Les explications s'appuient souvent sur des relations de cause à effet : on constate l'existence d'un certain phénomène, et on tente de montrer comment ce phénomène s'est produit en essayant d'en identifier la cause.

La situation du médecin illustre bien la distinction entre raisonnement et explication. En s'appuyant sur les symptômes observés, le médecin tente de déduire quelle est la maladie dont souffre le patient. Il produit alors un *raisonnement*, puisqu'il soutient la conclusion que le patient a telle ou telle maladie en s'appuyant sur des prémisses qui rapportent ce qu'il a observé. Une fois ce travail accompli, il peut produire une *explication* des causes de cette maladie : il ne tente plus de démontrer que le patient a telle ou telle maladie, car cela est déjà fait ; il prend plutôt comme point de départ le fait que le patient a cette maladie et cherche à en expliquer les causes (mauvaises habitudes de vie, environnement nocif, etc.).

Julie a laissé Samuel parce qu'il boit trop.

S'agit-il ici d'un raisonnement ou d'une explication ? Pour le savoir, on doit d'abord se demander quelle serait la conclusion s'il s'agissait d'un raisonnement. Réponse : « Julie a laissé Samuel », car « parce que » est un indicateur de prémisse. La question est maintenant de savoir si l'auteur essaie de nous convaincre du fait que Julie a laissé Samuel, en donnant comme preuve qu'il boit trop. Il semble que non : l'auteur essaie non pas de démontrer que Julie a laissé Samuel, mais d'expliquer pourquoi Julie a laissé Samuel, en tenant pour acquis que nous sommes déjà au courant de ce fait et n'avons pas besoin d'en être convaincu. Il s'agit donc d'une explication.

En général, le but d'un raisonnement n'est pas de démontrer ou de justifier ce qui est évident ; ce serait là un exercice futile. Cela contraste avec l'objectif d'une explication, qui est souvent de rendre compte de ce qui est évident. Par exemple, on n'essaiera pas de démontrer que le ciel est bleu à l'aide d'un raisonnement, mais il est tout à fait sensé d'essayer d'expliquer ce fait. Par ailleurs, on pourrait très bien tenter de prouver à l'aide d'un raisonnement l'affirmation non évidente que l'univers est en expansion. En règle générale, un raisonnement convaincant s'appuie sur des prémisses qui sont plus évidentes, ou moins potentiellement controversées, que la conclusion qu'on essaie d'établir. Cela suggère le test suivant pour distinguer un raisonnement d'une explication : si la raison fournie est plus évidente ou plus facile à prouver dans le contexte que l'affirmation pour laquelle elle est avancée, alors nous avons probablement affaire à un raisonnement.

Malheureusement, une simple suite d'affirmations ne nous dit pas toujours ce qui est évident dans le contexte dans lequel ces affirmations sont produites. Supposons par exemple que Jacques dise à Judith :

Le beurre a fondu parce que tu l'as laissé au soleil.

S'agit-il d'un raisonnement ou d'une explication ? Malheureusement, il n'est pas possible de trancher la question si l'on n'en sait pas davantage sur le contexte. On peut en effet imaginer deux scénarios très plausibles, l'un dans lequel Jacques propose une explication et l'autre dans lequel il avance un raisonnement.

> Scénario 1. Jacques et Judith rentrent d'une randonnée à vélo et constatent que le beurre a fondu. Judith se demande pourquoi. Jacques tente d'expliquer ce qui a causé la fonte du beurre. Il n'essaie pas de donner à Judith des raisons de croire que le beurre a fondu, puisque celle-ci voit bien qu'il a fondu ! Jacques propose donc une explication.

On reconnaît encore ici le rôle joué par le principe de charité : dire que Jacques met en avant un raisonnement rendrait son point de vue peu vraisemblable (puisqu'on lui imputerait la croyance que Judith ne peut constater que le beurre est fondu) et peu raisonnable (puisque dans ce contexte, invoquer le fait que Judith a laissé le beurre au soleil pour la convaincre que le beurre est fondu n'est pas un très bon raisonnement ; pour se convaincre que le beurre est fondu, il suffit de le regarder).

> Scénario 2. Avant de partir en randonnée, Judith a laissé le beurre au soleil. Durant leur randonnée, elle demande à Jacques dans quel état est le beurre. Jacques lui dit qu'il a (sans doute) fondu. Il défend son affirmation en invoquant le fait que Judith l'a laissé au soleil. Étant donné ce fait, pense-t-il, nous avons de bonnes raisons de croire que le beurre a fondu. Comme Jacques essaie de démontrer que le beurre a fondu, il propose un raisonnement.

Jusqu'à maintenant, pour simplifier la discussion, nous avons fait comme si un passage ne pouvait être à la fois un raisonnement et une explication. Il est temps de corriger cette impression. Dans le scénario 2, l'énoncé de Jacques est un raisonnement, mais il est aussi une explication : le fait que le beurre a été laissé au soleil explique pourquoi il a (probablement) fondu. Autrement dit, Jacques essaie non seulement de donner une raison de croire que le beurre a fondu, mais aussi d'expliquer ce qui a causé la fonte du beurre.

Il n'est pas rare qu'un raisonnement soit aussi une explication. Par conséquent, le fait qu'un énoncé ou une suite d'énoncés fournit l'explication d'un état de choses n'entraîne pas automatiquement qu'il ne s'agit pas d'un raisonnement. Ainsi, pour déterminer si un énoncé de la forme « p parce que (car) q » est un raisonnement ou non, on doit se demander non pas si q sert à expliquer p, mais plutôt si l'auteur essaie de nous convaincre que p est vrai en s'appuyant sur le fait que q.

On distinguera donc un raisonnement, qui peut ou non être aussi une explication, d'une **simple explication**, qui n'est pas aussi un raisonnement. (Notons que selon cette définition, une simple explication peut comporter plusieurs énoncés, et donc être très complexe.)

RAISONNEMENT OU SIMPLE EXPLICATION ?

1re étape : Identifier l'énoncé qui serait la conclusion s'il s'agissait d'un raisonnement.

2e étape : En supposant que l'auteur tente de démontrer la vérité de cet énoncé. Son point de vue paraît :

- bizarre et peu convaincant → simple explication
- vraisemblable et raisonnable → raisonnement

Exercices G

Distinguez dans les passages suivants raisonnements et simples explications.

1. Le casino devrait être fermé puisqu'il est biaisé en faveur des joueurs chanceux.
2. J'ai acheté un nouveau grille-pain parce qu'il n'était pas cher.
3. Cette personne va certainement tuer de nouveau, car sa haine des autres ne cesse d'augmenter.
4. Comme tu peux le constater, j'ai mis des fines herbes dans ma sauce. En plus de rehausser le goût, elles sont bonnes pour la santé.
5. L'accident s'est produit parce que la chaussée est glissante.
6. D'autres accidents vont se produire car la chaussée est glissante.
7. Je me suis isolé en forêt car je voulais être confronté aux faits essentiels de la vie.
8. La Deuxième Guerre mondiale s'est produite parce que Hitler l'a commencée.
9. L'avortement est immoral car il implique un meurtre.
10. Elle se sent mal depuis son avortement, car elle croit que l'avortement implique un meurtre.

11. Richard va certainement aimer Mélanie, car il aime les logiciennes.
12. Il y a six bouteilles de bière vides à côté de cet homme. Il est ivre, je t'assure.
13. Le chanteur rap Émilien est un mauvais garçon parce qu'il prend beaucoup de drogues.

NOTIONS CLÉS

Affirmation : énoncé que l'on avance comme vrai.

Conclusion finale : conclusion qui n'est pas elle-même utilisée comme prémisse ; le point final d'un raisonnement complexe.

Conclusion intermédiaire : énoncé qui est à la fois la conclusion d'une inférence et une prémisse d'une autre inférence.

Énoncé implicite : énoncé d'un raisonnement qui n'est pas fourni explicitement, parce qu'il est jugé suffisamment évident dans le contexte ; il peut s'agir d'une prémisse ou d'une conclusion.

Explication : suite d'affirmations qui tente de rendre compte d'un certain état de choses.

Forme standard : Façon de représenter un raisonnement qui consiste à en énumérer les énoncés un à la suite de l'autre en terminant par la conclusion, que l'on signale par le symbole « ∴ ».

Forme standard annotée : Façon de représenter un raisonnement qui consiste à en énumérer et numéroter chacun des énoncés, et à noter après chaque conclusion les numéros des prémisses invoquées pour la soutenir.

Indicateur de conclusion : expression qui sert à annoncer une conclusion.

Indicateur de prémisse : expression qui sert à annoncer une prémisse.

Indicateur d'inférence : expression qui indique un lien logique entre différents énoncés. Il y a deux types d'indicateurs d'inférence : les indicateurs de prémisse et les indicateurs de conclusion.

Inférence : raisonnement simple, ou raisonnement qui ne comporte qu'une seule conclusion.

Prémisse de base : prémisse qui n'est pas aussi une conclusion.

Principe de charité : principe qui commande d'interpréter les affirmations d'un auteur de façon à rendre son point de vue aussi vraisemblable et raisonnable que possible, étant donné les circonstances.

Raisonnement : suite d'affirmations comprenant une conclusion et des prémisses, qui sont énoncées dans l'intention de soutenir la conclusion.

Raisonnement complexe : raisonnement comportant plus d'une inférence.

Simple explication : explication qui n'est pas aussi un raisonnement.

Valeurs de vérité : une affirmation a deux valeurs de vérité possibles, le vrai et le faux.

2

L'analyse des raisonnements

La forme standard annotée peut se révéler inutilement longue et peu commode lorsque nous voulons représenter des raisonnements très complexes. Dans ce chapitre, nous proposons une méthode plus simple et élégante pour représenter la structure d'un raisonnement.

1. Les schémas en arbre

Considérons le raisonnement suivant :

> La pornographie est immorale, car elle dégrade l'être humain.

Dans cette phrase, il y a un indicateur de prémisse, que nous soulignerons, et deux affirmations, que nous allons mettre entre crochets et numéroter de la façon suivante :

> **1** [La pornographie est immorale,] <u>car</u> **2** [elle dégrade l'être humain.]

Ici, l'affirmation **2** est une prémisse qui conduit à la conclusion **1**. On peut représenter cette relation logique par une flèche :

$$\begin{array}{c} 2 \\ \downarrow \\ 1 \end{array}$$

Nous avons ainsi construit le **schéma en arbre** du raisonnement, qui se lit comme suit : l'énoncé **2** est invoqué comme prémisse pour soutenir la conclusion **1**.

On ne devrait jamais porter de jugement sur un film avant de l'avoir vu. Comme tu n'as pas vu le film *Le secret de la mamie*, tu ne devrais pas dire que c'est un navet.

Ce passage contient un indicateur de prémisse, « comme », et trois affirmations.

1 [On ne devrait jamais porter de jugement sur un film avant de l'avoir vu.] Comme **2** [tu n'as pas vu le film *Le secret de la mamie*,] **3** [tu ne devrais pas dire que c'est un navet.]

Les énoncés **1** et **2** sont les prémisses, et **3** est la conclusion. Nous allons adopter la convention suivante : lorsque deux ou plusieurs prémisses sont combinées pour mener à une conclusion, elles doivent être réunies par le signe « + » et être soulignées. Nous avons donc :

$$\begin{array}{c} 1 + 2 \\ \downarrow \\ 3 \end{array}$$

Considérons maintenant un raisonnement un peu plus complexe :

Puisque les ordinateurs sont des machines, leurs opérations sont entièrement déterminées par les lois de la physique. Les opérations d'un esprit, par contre, ne peuvent être déterminées par les lois de la physique. Les ordinateurs n'ont donc pas d'esprit.

Il ne faut pas se laisser intimider par la longueur du raisonnement. Notre tâche est considérablement facilitée si nous procédons par étapes. Tout d'abord, il faut repérer les indicateurs d'inférence, « puisque » et « donc », et souligner ceux-ci. La deuxième étape consiste à identifier les affirmations, à mettre celles-ci entre crochets et à les numéroter.

Puisque **1** [les ordinateurs sont des machines,] **2** [leurs opérations sont entièrement déterminées par les lois de la physique.] **3** [Les opérations d'un esprit, par contre, ne peuvent être déterminées par les lois de la physique.] **4** [Les ordinateurs n'ont donc pas d'esprit.]

La troisième étape consiste à construire le schéma en arbre. Cette tâche est simplifiée si l'on prête attention aux indicateurs d'inférence : ceux-ci nous disent que l'affirmation **1** est une prémisse et que **4** est une conclusion. Notre schéma devra respecter ces deux résultats préliminaires, que nous pouvons noter comme suit :

$$\begin{array}{cc} \mathbf{1} + ? & \\ \downarrow & \downarrow \\ \mathbf{2} & \mathbf{4} \end{array}$$

Le point d'interrogation indique que l'affirmation **1** est peut-être liée à au moins une prémisse.

Il faut maintenant examiner attentivement le contenu des énoncés impliqués et essayer de déterminer comment ils sont liés logiquement. Il est naturel de penser que **1** est une prémisse qui mène à **2**. En règle générale, dans un énoncé de la forme « Puisque *q*, *p* » ou « *p*, puisque *q* », *q* est une prémisse de *p*. Cela est confirmé par un examen du contenu des affirmations **1** et **2** : du fait que les ordinateurs sont des machines, il est raisonnable d'inférer que leurs opérations sont entièrement déterminées par les lois de la physique.

Quel rôle est joué par **3** ? L'auteur du raisonnement semble vouloir établir un contraste entre les opérations d'un ordinateur **2** et celles d'un esprit **3**. Il semble en outre faire valoir que, de ce contraste, on peut tirer la conclusion que les ordinateurs n'ont pas d'esprit (**4**).

$$\begin{array}{c} \mathbf{2} + \mathbf{3} \\ \downarrow \\ \mathbf{4} \end{array}$$

Cela est compatible avec les résultats préliminaires présentés plus haut. Nous avons maintenant tous les éléments requis pour construire le schéma complet du raisonnement :

$$\begin{array}{c} \mathbf{1} \\ \downarrow \\ \mathbf{2} + \mathbf{3} \\ \downarrow \\ \mathbf{4} \end{array}$$

Exercices A

Chacun des passages suivants contient un raisonnement. Soulignez les indicateurs d'inférence, placez chacune des affirmations entre crochets, numérotez celles-ci et construisez le schéma en arbre du raisonnement.

1. La censure est inacceptable, car elle va à l'encontre de la liberté d'expression. Or, la liberté d'expression est sacrée.
2. L'esprit humain est supérieur aux ordinateurs, car nous sommes les concepteurs des ordinateurs.
3. Mozart est un meilleur compositeur que Telemann. Cela s'ensuit du fait que ses œuvres sont jouées plus souvent. Or, il va de soi que plus un compositeur est joué souvent, meilleur il est.
4. L'objectif d'une science est d'expliquer les phénomènes d'un certain type. Les phénomènes psychologiques sont inexplicables, car deux personnes mises dans la même situation réagissent souvent de manière complètement différente. C'est pourquoi la psychologie n'est pas une science.
5. Les valeurs morales varient beaucoup d'une société à l'autre. Il serait absurde de dire que les valeurs d'une société particulière sont supérieures. Par conséquent, la morale est relative à une société. Il n'y a donc pas de vérité en morale.
6. La construction des grandes pyramides d'Égypte a exigé une technologie très sophistiquée. Mais les Égyptiens de l'époque ne disposaient pas d'une telle technologie. Par conséquent, ils n'ont pas construit seuls les pyramides. Nous devons donc conclure que les extraterrestres sont les véritables architectes des pyramides.

Exercices B

Identifiez la ou les prémisses de base, la ou les conclusions intermédiaires et la conclusion finale dans chacun des schémas suivants.

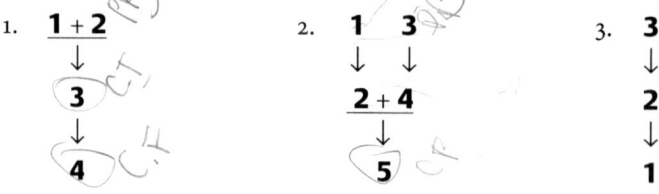

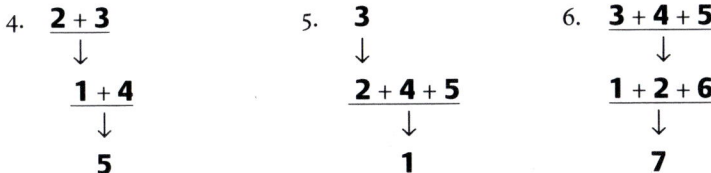

2. La vérification d'un schéma

On peut vérifier la justesse d'un schéma en remontant l'arbre à partir de la conclusion finale, et en se posant la question « Pourquoi l'auteur du raisonnement admet-il cet énoncé ? » à propos de chacun des énoncés rencontrés.

Supposons que lors d'une dégustation de vins, Louise avance le raisonnement suivant :

1 [Ce vin est ou bien un merlot ou bien un pinot noir,] car **2** [il a peu de tanin.] **3** [Il ne peut s'agir d'un pinot noir,] puisque **4** [les pinots noirs ne sont jamais aussi foncés.] Par conséquent, **5** [il s'agit d'un merlot.]

Les indicateurs d'inférence révèlent les liens logiques suivants :

```
2 + ?          4 + ?
  ↓              ↓          ↓
  1              3          5
```

Il y a trois possibilités concernant la conclusion **5** : celle-ci dérive de **1**, de **3**, ou de la combinaison de **1** et **3**. Un examen de ces énoncés révèle que la troisième possibilité est la plus raisonnable. Mais si **1** et **3** sont des prémisses qui conduisent à **5**, cela entraîne que les prémisses **2** et **4** ne sont pas liées, ce qui paraît raisonnable lorsqu'on examine leur contenu. Nous avons donc tous les éléments pour construire le schéma du raisonnement :

```
2   4
↓   ↓
1 + 3
  ↓
  5
```

La vérification d'un schéma se fait en deux temps. Tout d'abord, il faut s'assurer que le schéma respecte les indicateurs d'inférence. Cela consisterait, dans le cas présent, à construire les trois portions de schéma données plus haut et à vérifier si le schéma complet est conforme à celles-ci. Nous constatons rapidement que c'est le cas.

Passons maintenant à la deuxième étape de la vérification. Pourquoi Louise soutient-elle la conclusion, qui tranche en faveur d'un merlot (**5**) ? Selon le schéma, c'est parce que le vin en question est ou bien un merlot ou bien un pinot noir (**1**), et qu'il ne peut s'agir d'un pinot noir (**3**). Il est raisonnable d'attribuer cette inférence à Louise. Pourquoi dit-elle que ce vin est ou bien un merlot ou bien un pinot noir (**1**) ? Parce qu'il a peu de tanin (**2**). Cette attribution paraît elle aussi vraisemblable. Le schéma ne nous dit pas pourquoi Louise soutient **2**. Cela ne pose pas de problème, puisqu'une relecture du passage confirme qu'aucune raison n'est donnée pour **2**. Quelle raison donne-t-elle pour affirmer qu'il ne peut s'agir d'un pinot noir (**3**) ? Le schéma nous dit que cela est dû au fait que les pinots noirs ne sont jamais aussi foncés (**4**). Il est plausible d'attribuer cette inférence à Louise. Aucune flèche ne mène à **4**. C'est naturel, puisque Louise n'explique pas pourquoi elle admet cette prémisse. Nous pouvons donc conclure que le schéma représente adéquatement le raisonnement avancé par Louise.

Exercices C

Chacun des schémas suivants contient un certain nombre d'erreurs. Corrigez-les en vous servant de la méthode de vérification.

1. **1** [On devrait interdire le clonage,] car **2** [cette technologie nous prive de notre humanité.] **3** [Notre humanité est liée au fait que chaque personne est unique.] Or **4** [le principe du clonage est de nier le caractère unique d'une personne.]

$$\begin{array}{c} \mathbf{3 + 4} \\ \downarrow \\ \mathbf{1} \\ \downarrow \\ \mathbf{2} \end{array}$$

2. **1** [Il n'y a que deux voies sur cette route.] **2** [Si je circule sur la voie de gauche, je vais devoir ralentir lorsqu'une voiture s'apprêtera à tourner à gauche.] Mais **3** [si je circule sur la voie de droite, je risque de devoir m'arrêter complètement à cause des voitures stationnées sur le bord de la route.] **4** [Je vais <u>donc</u> circuler sur la voie de gauche.]

3. **1** [Les critiques de cinéma sont des acteurs ou des cinéastes frustrés.] **2** [Leurs jugements ne peuvent <u>donc</u> être neutres.] <u>Par conséquent,</u> **3** [il est inutile de prêter attention à ce qu'ils écrivent.] <u>C'est pourquoi</u> **4** [je ne devrais jamais lire les critiques des films que je désire aller voir.]

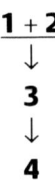

4. **1** [Le meurtrier est l'un des quatre membres de la famille Talbot,] <u>car</u> **2** [seuls ceux-ci étaient présents dans la maison au moment du crime.] <u>Puisque</u> **3** [le père et la mère n'avaient pas la force physique requise pour étrangler la victime,] **4** [ils ne sont pas suspects.] **5** [On doit aussi exclure Rémi,] <u>car</u> **6** [il était complètement ivre au moment du meurtre.] **7** [Martial est <u>donc</u> celui qui a tué la victime.]

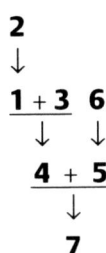

3. La reformulation d'énoncés

Comme on l'a vu au chapitre précédent (section 6), il arrive que l'auteur d'un raisonnement choisisse d'exprimer une prémisse ou une conclusion sous la forme d'une question, d'un ordre ou d'une exclamation. Dans ce cas, avant de construire le schéma en arbre du raisonnement, l'énoncé doit être réécrit sous forme d'affirmation.

1 [N'oublie pas ton parapluie.] **2** [Il va pleuvoir cet après-midi.]

L'énoncé **1** est au mode impératif et n'est donc pas une affirmation. (Il s'agit peut-être d'un conseil et non d'un ordre.) On doit réécrire cet énoncé de la façon suivante :

1' : Tu ne dois pas oublier ton parapluie.

Nous utiliserons dorénavant le signe « ' » pour désigner les énoncés qui ont été réécrits. Le schéma en arbre est donc :

D'autres types d'énoncés doivent aussi être reformulés.

1 [Je ne crois pas que Béatrice soit une bonne musicienne.] **2** [Elle ne cesse de faire des fausses notes.]

L'auteur ne cherche pas simplement à démontrer quel est son état d'esprit à propos de Béatrice : son raisonnement vise en effet non pas à nous convaincre qu'il a telle ou telle croyance, mais plutôt à justifier l'énoncé suivant :

1' : Béatrice n'est pas une bonne musicienne.

Le schéma en arbre est encore :

Il n'est pas possible de donner une recette qui permettrait de réécrire les énoncés d'un raisonnement qui ne sont pas formulés de façon appropriée : le langage ordinaire est trop subtil et complexe pour cela. Plutôt que d'appliquer une règle générale, il faut, conformément au principe de charité, exercer son jugement à propos des intentions qu'il est raisonnable d'attribuer à l'auteur du raisonnement.

4. Les énoncés superflus

Il arrive souvent qu'un passage contenant un raisonnement comporte aussi un certain nombre d'**énoncés superflus**, c'est-à-dire des énoncés qui ne sont ni des prémisses ni des conclusions de ce raisonnement. Ces énoncés ne font pas partie du raisonnement et doivent donc être mis de côté.

> Je suis désolé. Vous ne pouvez rester au pays que si votre visa est encore valide. Puisque votre visa est expiré, vous allez devoir quitter le pays. Vous auriez dû penser à le renouveler.

Ce passage contient un raisonnement, mais aussi des énoncés qui ne jouent aucun rôle logique dans ce raisonnement. Nous pourrions les mettre de côté immédiatement en ne les numérotant pas. Cela serait acceptable, mais cette approche peut être un peu risquée lorsque nous avons affaire à un raisonnement dont la structure ne nous est pas immédiatement évidente. Il est donc plus prudent, en règle générale, de numéroter chacun des énoncés du passage, et de se débarrasser des énoncés superflus une fois qu'on se sera fait une idée de la structure du raisonnement:

1 [Je suis désolé.] **2** [Vous ne pouvez rester au pays que si votre visa est encore valide.] Puisque **3** [votre visa est expiré,] **4** [vous allez devoir quitter le pays.] **5** [Vous auriez dû penser à le renouveler.]

La présence de « puisque » suggère ceci:

Est-ce que la prémisse **3** suffit à conduire à la conclusion **4** ? Si on combine cette prémisse à **2**, on donne manifestement plus de poids à la conclusion. L'interprétation paraît tout à fait raisonnable. On a donc:

$$\frac{2+3}{\downarrow}$$
$$4$$

Qu'en est-il des énoncés **1** et **5**? Ils ne jouent aucun rôle logique dans le raisonnement. Comme nous n'avons donc pas besoin d'en tenir compte, le schéma est complet.

5. Les énoncés répétés

À l'occasion, certains **énoncés** sont **répétés** dans un raisonnement, parfois de manière légèrement différente. Notre politique sera d'assigner le même numéro à l'énoncé à chacune de ses occurrences.

> **1** [Il devrait être interdit de manger de la viande] car **2** [cette pratique est immorale.] **2** [Il est immoral de manger de la viande] car **3** [l'industrie de la viande maltraite les animaux,] et **4** [maltraiter les animaux est moralement inacceptable.] Voilà pourquoi je pense qu'**1**[on devrait rendre la consommation de viande illégale.]

Notons en passant la position du crochet de gauche du dernier énoncé: l'auteur ne cherche pas à nous convaincre du fait qu'*il pense* qu'on devrait rendre la consommation de viande illégale; ce qu'il veut montrer, c'est qu'*on devrait* la rendre illégale. La première et la dernière affirmation sont synonymes et devraient donc être désignées par le même numéro. Il en va de même pour la deuxième et la troisième affirmation. Les indicateurs d'inférence nous permettent d'obtenir les parties de schéma suivantes:

$$\frac{2+?}{\downarrow} \qquad \frac{3+4}{\downarrow}$$
$$1 \qquad\qquad 2$$

Nous avons identifié le rôle de chacun des énoncés, et pouvons maintenant assembler le schéma complet:

$$\frac{3+4}{\downarrow}$$
$$2$$
$$\downarrow$$
$$1$$

6. Les énoncés complexes

Dans un **énoncé complexe** comme « Tous les chats sont mortels et Pollux est un chat », deux affirmations sont faites. S'il apparaît dans un raisonnement, un tel énoncé doit donc être analysé comme suit :

[Tous les chats sont mortels] et [Pollux est un chat.]

Il en va de même pour les énoncés complexes suivants :

[Caïus est un ogre,] mais [il est souffreteux.]

Bien que [les Mastiffs forment une meilleure équipe,] [les Bichons ont remporté le match.]

Qu'en est-il des énoncés conditionnels, c'est-à-dire des énoncés de la forme « Si..., alors » ?

Si les Conservateurs gagnent les élections, alors les impôts seront réduits.

Cet énoncé ne contient qu'une seule affirmation : il affirme non pas que les Conservateurs gagnent (ou vont gagner) les élections et que les impôts seront réduits, mais que *si* les Conservateurs gagnent les élections, alors les impôts seront réduits. On a donc :

[Si les Conservateurs gagnent les élections, alors les impôts seront réduits.]

Les énoncés complexes suivants ne comportent eux aussi qu'une seule affirmation :

Je te donnerai un coup de fil ou j'irai te voir.

Ou bien tu prends du gâteau, ou bien tu prends de la tarte.

Ils vont gagner, à moins que Bédard ne soit blessé.

Tu vas devoir redoubler le cours, sauf si tu obtiens plus de 90 % à l'examen final.

Je n'irai chez le dentiste que si maman vient avec moi.

Au chapitre 1 (section 7), nous avons présenté la distinction entre les raisonnements et les simples explications (c'est-à-dire les explications qui ne sont pas elles-mêmes des raisonnements). Il peut arriver qu'une simple explication fasse partie d'un raisonnement, autrement dit qu'elle soit une prémisse ou une conclusion d'un raisonnement.

1 [Pascal est devenu tout rouge parce que Nancy lui a fait un compliment.] Par conséquent, **2** [il est un peu timide.]

L'énoncé **1** est une simple explication, puisque l'auteur n'essaie pas de démontrer que Pascal est devenu rouge ; il tente plutôt d'expliquer ce qui a causé sa réaction. Cette explication est toutefois utilisée pour appuyer l'idée selon laquelle Pascal est un peu timide. On a donc :

$$\begin{array}{c} 1 \\ \downarrow \\ 2 \end{array}$$

7. Les énoncés emboîtés

Les **énoncés emboîtés** sont situés à l'intérieur d'autres énoncés. Un énoncé emboîté doit être traité comme tout autre énoncé d'un raisonnement : il doit être mis entre crochets, numéroté et, s'il y a lieu, réécrit sous forme d'affirmation.

> Si Alice est vraiment honnête, ce dont je ne doute pas, elle va me rendre l'argent qu'elle m'a emprunté. Je vais donc fort probablement revoir un jour les 100 dollars que je lui ai prêtés.

La première phrase contient un énoncé conditionnel, que l'on doit considérer comme une seule affirmation. Cependant, à l'intérieur de ce conditionnel on a emboîté une affirmation (« ce dont je ne doute pas ») ; celle-ci joue un rôle dans le raisonnement et doit donc être mise entre crochets et numérotée.

1 [Si Alice est vraiment honnête, **2** [ce dont je ne doute pas,] elle va me rendre l'argent qu'elle m'a emprunté.] **3** [Je vais donc fort probablement revoir un jour les 100 dollars que je lui ai prêtés.]

L'énoncé **2** doit être réécrit :

2' : Alice est honnête.

On en arrive au schéma suivant :

$$\begin{array}{c} 1 + 2' \\ \downarrow \\ 3 \end{array}$$

8. Les prémisses impliquées dans plus d'une inférence

Il arrive qu'un même énoncé serve de prémisse dans plus d'une inférence. Considérons le raisonnement suivant:

1 [Le biscuit a été mangé cet après-midi.] Comme **2** [Murat a passé l'après-midi dans sa chambre,] **3** [il ne peut avoir mangé le biscuit.] **4** [Ce ne peut être Natalia non plus,] car **5** [elle était à l'université toute la journée.] Puisque **6** [Murat, Natalia et Vladimir sont les seuls à avoir la clé de la maison,] **7** [Vladimir est le coupable.]

Ce raisonnement s'appuie sur le fait que le biscuit a été mangé cet après-midi (**1**) pour conclure que ni Murat ni Natalia n'a mangé le biscuit (**3** et **4**). L'énoncé **1** sert donc de prémisse dans deux inférences distinctes. Notre schéma doit en tenir compte:

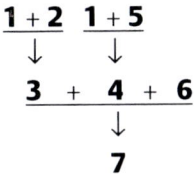

Exercices D

Chacun des passages suivants contient un raisonnement. Soulignez les indicateurs d'inférence, placez chacune des affirmations entre crochets, numérotez celles-ci et construisez le schéma en arbre du raisonnement.

Les passages peuvent contenir des énoncés superflus, répétés, complexes ou emboîtés ou des prémisses impliquées dans plus d'une inférence. Il faut reformuler les énoncés lorsque cela est nécessaire.

1. La peine de mort devrait être rétablie, puisqu'elle s'inspire du principe « œil pour œil, dent pour dent ». Ce principe est juste, car il est au fondement même de notre système moral. Remettre en question notre système moral, ce serait remettre en question le concept même de moralité, ce qui est inadmissible.

2. Bien des gens pensent que la lèpre est très contagieuse. Cette croyance populaire est fausse, car seulement 5 pour cent des personnes exposées en sont touchées.

3. Ou bien Patricia est très malade ou bien elle est très bonne comédienne. Sylvain m'a dit que Patricia n'a aucun talent de comédienne. Et Sylvain connaît très bien Patricia. Je pense donc que Patricia est très malade.
4. Contrairement à ce qu'on affirme de nos jours, la Terre est immobile. Elle ne tourne pas sur elle-même, car si elle tournait sur elle-même, cela donnerait naissance à des vents violents. Or, ces vents n'existent pas. Par ailleurs, si la Terre tournait autour du Soleil, on sentirait les effets de la force centrifuge. La Terre ne tourne donc pas autour du Soleil, car ces effets n'existent pas non plus. La Terre ne bouge donc pas.
5. Cela fait des mois que je le répète : notre équipe manque de discipline. Sans discipline, il est impossible d'aller très loin en séries éliminatoires. C'est une des premières choses qu'on apprend dans le sport. Je vais donc faire une prédiction : notre équipe va perdre en première ronde des séries.
6. Elle a quitté son emploi précédent parce qu'elle n'était pas assez bien payée. Si nous voulons la garder, nous allons devoir lui donner un bon salaire.
7. Comme son nom n'apparaît pas dans l'annuaire, ou bien elle n'a pas le téléphone, ou bien elle a déménagé.
8. La question est simple. Une femme peut disposer de son corps comme elle l'entend. Tant qu'il n'est pas né, le fœtus fait partie du corps de la femme. Je n'encourage pas nécessairement les femmes à le faire, mais celles-ci ont tout à fait le droit de recourir à l'avortement si elles le désirent.
9. Il y a eu récemment de nombreux cas de rougeole dans la région car plusieurs parents ont décidé de ne pas faire vacciner leurs enfants. Par conséquent, nous allons devoir distribuer de l'information sur les risques associés à la rougeole et sur les avantages du vaccin.
10. Si la situation économique ne s'améliore pas bientôt — et elle ne donne aucun signe dans ce sens —, la banque centrale va devoir baisser les taux d'intérêt. Cela implique que les taux hypothécaires vont eux aussi diminuer. Je vous conseillerais donc d'attendre un peu avant d'acheter une maison.
11. Darwin est un grand scientifique, car bien qu'il ait proposé sa théorie au XIXe siècle, les grandes lignes de celle-ci sont encore acceptées aujourd'hui.

12. Plusieurs familles ont été détruites par le casino parce qu'un de leurs membres était joueur compulsif. Nous ne pouvons tolérer une telle situation. Nous devons donc fermer les portes de cette entreprise. C'est pourquoi il faut se joindre au mouvement des citoyens contre le casino.

9. Les prémisses indépendantes

La plupart des raisonnements que nous avons examinés jusqu'à présent comportaient des **prémisses liées**, c'est-à-dire des prémisses qui doivent être prises ensemble pour mener à une conclusion. Il peut cependant arriver que dans l'esprit de l'auteur, diverses prémisses, prises séparément, conduisent à la même conclusion. On a alors affaire à des **prémisses indépendantes**.

1 [La peine capitale est une punition inacceptable.] Premièrement, **2** [des innocents sont parfois exécutés.] Deuxièmement, **3** [la peine capitale est discriminatoire contre les gens pauvres et les membres de minorités ethniques.]

Les expressions « premièrement » et « deuxièmement » suggèrent que l'auteur conçoit les prémisses **2** et **3** comme indépendantes. Le raisonnement peut être représenté de la façon suivante :

Notons que les prémisses indépendantes ne sont pas toujours indiquées de manière aussi explicite. Dans la plupart des cas, il faut examiner attentivement les prémisses et déterminer s'il est raisonnable de penser que l'auteur les tient pour indépendantes.

On peut proposer le test suivant pour déterminer si l'on a affaire à des prémisses liées ou indépendantes. Supposons que l'on hésite entre les deux schémas suivants :

(A)   **1 + 2** ↓ **3**   (B)   **1** ↘ **2** ↙ **3**

Selon (A), les prémisses **1** et **2** sont liées, alors que selon (B), elles sont indépendantes. Pour déterminer lequel des deux schémas est adéquat, on doit se poser les deux questions suivantes : Est-ce que l'auteur admettrait quand même **3** s'il était amené à rejeter **1** ? Est-ce que l'auteur admettrait quand même **3** s'il était amené à rejeter **2** ? Si la réponse à ces deux questions est oui, les prémisses sont indépendantes et (B) est le schéma adéquat. Il arrive souvent qu'on ne puisse appliquer le test, puisqu'on ne sait pas toujours ce que répondrait l'auteur aux deux questions. Il faut dans de tels cas prêter à l'auteur les réponses qui nous paraissent les plus raisonnables ; en cas de doute, il est préférable de tenir les prémisses pour liées, puisque cela rend l'inférence plus convaincante.

Exercices E

Chacun des passages suivants contient un raisonnement. Soulignez les indicateurs d'inférence, mettez chacune des affirmations entre crochets, numérotez celles-ci et construisez le schéma en arbre du raisonnement.

Certains raisonnements contiennent des prémisses indépendantes.

1. Notre système électoral n'est pas parfait. Tout d'abord, un nombre important d'électeurs ne votent pas. Ensuite, ceux qui votent sont souvent mal informés à propos des programmes des partis. Finalement, un parti peut former un gouvernement majoritaire même s'il n'a pas reçu la majorité des votes.
2. Grégoire n'est pas un très bon colocataire. Il a rarement assez d'argent pour payer le loyer. En plus, il ne fait presque jamais la vaisselle.
3. L'usage de la force par les policiers est parfois justifié. Certains criminels violents résistent à leur arrestation. Par ailleurs, il arrive que des trouble-fête tentent de transformer des manifestations paisibles en émeutes. Or, il va de soi que le contrôle de ces individus peut exiger le recours à la force.
4. On ne peut identifier ce qui est moral à ce qui est légal. Il peut y avoir des lois qui ne sont pas morales. Par exemple, il y a déjà eu des lois exigeant la ségrégation raciale. Il y a aussi des actions qui sont immorales mais qui ne relèvent pas de la loi. Par exemple, ne pas tenir ses promesses peut, dans certains cas, être immoral sans être illégal.
5. Je peux imaginer une situation dans laquelle j'aurais toutes les pensées que j'ai présentement mais sans avoir de cerveau. Mais je ne peux

imaginer une situation dans laquelle j'aurais toutes les pensées que j'ai présentement mais sans avoir d'esprit, puisque je dois avoir un esprit pour avoir des pensées. Par conséquent, mon esprit n'est pas identique à mon cerveau.
6. Je ne peux aller au concert avec toi ce soir. Je dois étudier pour mon examen en psychologie. Par ailleurs, je n'aime pas la musique baroque. Et en plus, je n'ai pas d'argent pour payer le billet d'entrée.

10. Les conclusions indépendantes

On peut parfois tirer des **conclusions indépendantes** à partir d'un même ensemble de prémisses.

1 [Simone Pépin a réussi à mettre au jour la corruption du gouvernement.] Cela montre que **2** [cette journaliste est extrêmement courageuse.] Et on peut aussi prévoir que **3** [le parti au pouvoir a peu de chances d'être réélu.]

L'énoncé **1** sert de prémisse à la fois à l'énoncé **2** et à l'énoncé **3**. Deux raisonnements indépendants sont donc avancés. Notre politique concernant les cas de ce genre sera de construire deux schémas distincts pour représenter les deux raisonnements :

```
    1           1
    ↓           ↓
    2           3
```

Exercices F

Soulignez les indicateurs d'inférence, placez chacune des affirmations entre crochets, numérotez-les et construisez le schéma en arbre du raisonnement.
1. Le printemps arrive. Petit à petit, les terrasses vont donc commencer à s'ouvrir. Et sous peu, il n'y aura plus du tout de neige dans les rues.
2. L'automne approche, car c'est la rentrée scolaire. Cela se voit aussi au fait que les journées commencent à raccourcir.
3. Le cuisinier aujourd'hui doit être le Chef Boyardee, car le plat du jour est un risotto à la macédoine de légumes en conserve. Et étant donné la popularité habituelle de ce plat, on peut s'attendre à ce que la plupart des clients le commandent.

4. Puisque Jacinthe a la malaria, il est fort probable qu'elle soit allée à l'étranger dernièrement. Si elle veut éviter de graves complications, elle va devoir prendre des médicaments.

Exercices G

Soulignez les indicateurs d'inférence, placez chacune des affirmations entre crochets, numérotez-les et construisez le schéma en arbre du raisonnement.

Tenir compte de toutes les particularités des raisonnements qui ont été discutées dans ce chapitre.

1. Je n'ai rien contre les ordinateurs, mais ils sont inférieurs à l'esprit humain, car c'est nous qui les avons fabriqués.
2. Des millions de gens croient que la Bible est inspirée de Dieu. Il est impossible qu'autant de gens soient dans l'erreur. Dieu est donc le véritable auteur de la Bible.
3. Le nouveau film mettant en vedette Bob Eno sera certainement un succès, car les effets spéciaux sont plus sophistiqués que jamais. Comme tu aimes bien les effets spéciaux, je pense que tu devrais aller le voir.
4. La pornographie cause du tort aux jeunes gens, car elle leur donne une image déformée de ce qu'est la sexualité. Une saine sexualité devrait toujours être liée à l'amour. Or la pornographie n'a rien à voir avec l'amour. En outre, la pornographie dégrade la femme, car elle la représente comme un objet sexuel au service de l'homme. La pornographie doit donc être interdite.
5. Je ne crois pas que Dupré va réussir à traverser le lac à la nage, car il n'est pas en très bonne condition physique. Je vais donc gagner mon pari.
6. Si Beauchamp est malhonnête, ce dont je suis convaincu, il va tenter de nous escroquer lors de la prochaine transaction. C'est pourquoi nous devons superviser celle-ci très attentivement. N'oublions pas qu'il est très rusé.
7. Ce n'est pas moi qui ai pris ton gadget électronique. Qu'est-ce que tu veux que je fasse avec un tel objet? Je ne sais même pas comment m'en servir. Tu dois me croire: ce n'est pas moi.

8. La présence de gaz carbonique dans l'atmosphère ralentit le relâchement de la chaleur dans l'espace, créant ce qu'on appelle un « effet de serre ». Il est de plus en plus évident que la température moyenne à la surface de la terre ne cesse d'augmenter. En outre, la quantité de gaz carbonique dans l'atmosphère augmente elle aussi. Par conséquent, le réchauffement de la planète est dû à l'augmentation de la quantité de gaz carbonique dans l'atmosphère.
9. L'interdiction de la drogue crée un marché noir. Or, la création d'un marché noir tend à faire augmenter la criminalité, car différents groupes d'individus luttent pour le contrôle de la vente et de la circulation de la drogue. L'interdiction de la drogue a donc des effets très négatifs pour notre société. La légalisation de la drogue, en revanche, n'entraînerait pas une augmentation significative de la consommation, puisqu'il est facile de s'en procurer dans un contexte où sa vente est illégale. Le choix est clair : nous devons rendre légales la vente et la consommation de drogues.
10. *Chez Linda* est un endroit bruyant. Par ailleurs, on y sert de la nourriture de bûcheron. Pourquoi donc vouloir aller là-bas ? *Chez Berthe*, par contre, est toujours très paisible. En plus, la cuisine est raffinée. C'est par conséquent un restaurant tout à fait agréable. Puisque nous avons le choix entre ces deux endroits, nous devons aller *Chez Berthe*.

CONSTRUIRE LE SCHÉMA EN ARBRE D'UN RAISONNEMENT

1re étape : Souligner les indicateurs d'inférence
À surveiller :
- Les indicateurs d'inférence qui sont utilisés pour signaler une simple explication et non une inférence (section 6).

2e étape : Placer des crochets autour de chacune des affirmations
À surveiller :
- Les énoncés complexes (section 6);
- Les énoncés emboîtés (section 7).

3e étape : Numéroter chacun des énoncés
À surveiller :
- Les énoncés répétés (section 5).

4e étape : Réécrire les énoncés qui ne sont pas formulés adéquatement.
À surveiller :
- Les questions, les exclamations, les énoncés à l'impératif et les énoncés décrivant des états d'esprit (section 3).

5e étape : Construire des parties de schéma en s'appuyant sur les indicateurs d'inférence

6e étape : Construire le schéma complet
À surveiller :
- Les prémisses impliquées dans plus d'une inférence (section 8);
- Les prémisses indépendantes (section 9);
- Les conclusions indépendantes (section 10).

7e étape : Vérifier le schéma
Voir section 2.

3

L'évaluation des raisonnements

La valeur d'un raisonnement dépend de deux facteurs : la vérité ou la crédibilité de ses prémisses, et la mesure dans laquelle celles-ci soutiennent la conclusion. Dans ce livre, nous aurons très peu à dire sur le premier facteur, qui ne relève pas de la logique. Le second facteur est l'objet du présent chapitre.

1. Les raisonnements déductifs

Considérons le raisonnement suivant :

Tous les chats sont mortels.
Guimauve est un chat.
∴ Guimauve est mortel.

Les prémisses de ce raisonnement offrent un soutien « maximal » à la conclusion. Il est en effet inconcevable que la conclusion soit fausse si les prémisses sont vraies. Autrement dit, la vérité des prémisses garantit logiquement la vérité de la conclusion. Nous qualifierons de « valide » un raisonnement qui propose un soutien maximal de ce genre. Plus précisément, un **raisonnement valide** est un raisonnement tel que si ses prémisses sont vraies, alors sa conclusion doit nécessairement être vraie. En d'autres termes, un raisonnement est valide s'il est logiquement impossible que ses prémisses soient vraies et sa conclusion fausse.

Notons que le terme « déductif » est parfois utilisé au sens de valide. Nous réserverons cependant ce terme pour désigner un raisonnement qui se présente comme valide. Autrement dit, **un raisonnement déductif**, ou **déduction**, est un raisonnement qui est tenu pour valide par son auteur. Comme nous ne sommes pas des raisonneurs parfaits, nos raisonnements déductifs ne sont pas toujours valides.

Les raisonnements déductifs suivants sont valides :

S'il pleut, la chaussée est mouillée.
Il pleut.
∴ La chaussée est mouillée.

Béatrice est plus grande que Nancy.
∴ Nancy est plus petite que Béatrice.

Daniel est un étudiant ou un professeur.
Daniel n'est pas un professeur.
∴ Daniel est un étudiant.

Dans chacun de ces raisonnements, si les prémisses sont vraies, la conclusion est nécessairement vraie. Autrement dit, il est inconcevable que les prémisses soient vraies et que la conclusion soit fausse.

2. Quatre cas

La validité d'un raisonnement dépend du soutien que les prémisses confèrent à la conclusion. La validité n'exige pas que les prémisses et la conclusion d'un raisonnement soient vraies : ce qu'elle exige, c'est que *si* les prémisses sont vraies, alors la conclusion doit aussi être vraie. Il vaut la peine d'examiner les quatre cas suivants.

Des prémisses vraies et une conclusion vraie

Certains raisonnements dont les prémisses et la conclusion sont vraies sont valides :

Londres est à l'ouest de Berlin.
∴ Berlin est à l'est de Londres.

Certains ne le sont pas :

> Le brocoli est un légume.
> ∴ Il y a du brocoli au Canada.

Le second raisonnement n'est pas valide, car on peut certainement concevoir que le brocoli soit un légume sans qu'il y en ait au Canada. Ainsi, du simple fait qu'un raisonnement a des prémisses vraies et une conclusion vraie, on ne peut déterminer s'il est valide ou non.

Un raisonnement valide dont les prémisses sont vraies est un **raisonnement probant**. Les raisonnements probants forment une catégorie intéressante, car ils nous permettent de dériver des conclusions vraies. Ces raisonnements sont particulièrement utiles lorsqu'on tente d'obtenir de nouvelles connaissances à partir de connaissances préalables. Il y a par contre très peu d'intérêt à avancer des raisonnements valides qui s'appuient sur des prémisses fausses.

Une ou plusieurs prémisses fausses et une conclusion vraie

Certains raisonnements ayant une ou des prémisses fausses et une conclusion vraie sont valides :

> Tous les philosophes sont célèbres.
> Aristote est un philosophe.
> ∴ Aristote est célèbre.

Certains philosophes ne sont pas célèbres. Mais s'il est vrai que tous les philosophes sont célèbres et qu'Aristote est un philosophe, alors, nécessairement, Aristote est célèbre.

Certains raisonnements ayant une ou des prémisses fausses et une conclusion vraie ne sont pas valides :

> Mozart était un chanteur rock.
> ∴ Mozart est mort à l'âge de 35 ans.

Ce raisonnement n'est pas valide, bien que sa conclusion soit vraie. Ainsi, du simple fait qu'un raisonnement a une ou des prémisses fausses et une conclusion vraie, on ne peut déterminer s'il est valide ou non.

Une ou plusieurs prémisses fausses et une conclusion fausse

Certains raisonnements ayant une ou des prémisses fausses et une conclusion fausse sont valides :

> Aucun acteur professionnel n'a joué dans *Grease*.
> John Travolta est un acteur professionnel.
> ∴ John Travolta n'a pas joué dans *Grease*.

Certains raisonnements ayant une ou des prémisses fausses et une conclusion fausse ne sont pas valides :

> Tous les Canadiens sont des joueurs de hockey.
> ∴ Tous les joueurs de hockey sont canadiens.

Ce raisonnement n'est pas valide : il est possible que tous les Canadiens soient des joueurs de hockey sans que tous les joueurs de hockey soient canadiens, par exemple s'il y a aussi des joueurs de hockey slovaques. Ainsi, du simple fait qu'un raisonnement a une ou des prémisses fausses et une conclusion fausse, on ne peut déterminer s'il est valide ou non.

Des prémisses vraies et une conclusion fausse

Un raisonnement ayant des prémisses vraies et une conclusion fausse ne peut être valide. Revenons à la définition de la validité : d'après celle-ci, si un raisonnement a des prémisses vraies et une conclusion fausse, alors il n'est pas valide. Ainsi, du simple fait qu'un raisonnement a des prémisses vraies et une conclusion fausse, on peut conclure qu'il est non valide.

Récapitulons : dans un raisonnement non valide, on peut trouver n'importe quelle combinaison de valeurs de vérité dans les prémisses et la conclusion ; dans un raisonnement valide, on peut trouver n'importe quelle combinaison de valeurs de vérité dans les prémisses et la conclusion, sauf celle de prémisses vraies et d'une conclusion fausse.

3. Possibilité logique et possibilité naturelle

Considérons le raisonnement suivant :

> Renée était à Paris il y a deux heures.
> ∴ Renée n'est pas à Montréal en ce moment.

À première vue, on serait tenté de dire que ce raisonnement est valide. En effet, il semble impossible que quelqu'un puisse se rendre de Paris à Montréal en moins de deux heures. Mais peut-on vraiment dire que si la prémisse est vraie, alors il est *logiquement* impossible que la conclusion soit fausse ? On peut en fait imaginer plusieurs scénarios selon lesquels la prémisse est vraie et la conclusion fausse : on vient de mettre au point un avion supersonique qui permet de franchir l'Atlantique en moins de deux heures ; Superman était dans les parages et a transporté Renée de Paris à Montréal ; Renée a été téléportée de Paris à Montréal ; etc. Comme ces scénarios sont cohérents, il est logiquement possible que la prémisse soit vraie et la conclusion fausse. Par conséquent, le raisonnement n'est pas valide.

Notons que bien qu'il y ait plusieurs scénarios cohérents selon lesquels la prémisse est vraie et la conclusion est fausse, aucun de ceux-ci n'est vrai. Cela explique notre tendance à accepter le raisonnement, bien qu'il ne soit pas valide : nous admettons implicitement que « personne n'est capable d'aller de Paris à Montréal en moins de deux heures ». Si l'on ajoute cette prémisse au raisonnement, celui-ci devient valide. Il est donc relativement facile de remédier à la non-validité du raisonnement.

Considérons le scénario suivant : Renée entre dans une cabine futuriste à Paris, et elle est instantanément téléportée à Montréal. Ce scénario paraît farfelu, car il va à l'encontre des lois de la nature. En un sens donc, il est impossible. Mais il n'est pas *logiquement* impossible. Il est utile de distinguer deux sens du mot « possible ». Une **situation logiquement possible** est une situation qui, en principe, est concevable de manière cohérente. Une **situation naturellement possible** est une situation qui est possible étant donné les lois de la nature. Toutes les situations naturellement possibles sont aussi logiquement possibles, mais l'inverse n'est pas vrai : il y a des situations logiquement possibles qui ne sont pas naturellement possibles. On peut donc distinguer trois classes de situations : les situations logiquement et naturellement possibles, les situations logiquement possibles mais naturellement impossibles et les situations logiquement et naturellement impossibles.

Les situations suivantes sont logiquement et naturellement possibles :

> Je jette en l'air une pièce de monnaie et elle tombe sur pile vingt fois consécutives.

Un être humain court une distance de 100 mètres en moins de 9 secondes.
Un ordinateur bat le champion du monde à une partie de go.

Celles-ci sont logiquement possibles mais naturellement impossibles :

Un vaisseau spatial voyage à une vitesse plus grande que celle de la lumière.
Le sel ne se dissout pas dans l'eau non saturée.
Je me coupe la main complètement et une nouvelle main me pousse.

Celles-ci sont logiquement et naturellement impossibles :

Victor, le mari de Nadine, est célibataire.
2 + 2 = 5.
Luc est un étudiant et n'est pas un étudiant.

Il ne faudrait pas penser que la question de savoir si une situation est logiquement possible ou non n'est jamais controversée. Par exemple, on pourrait penser à première vue que « Mon oncle est une femme » décrit une situation logiquement impossible. Mais supposons que mon oncle Jules subisse une opération chirurgicale qui lui permet de changer de sexe. Peut-on alors dire que j'ai un oncle qui est une femme ? Par ailleurs, est-il logiquement possible de voyager dans le temps ? Certains pensent que les récits de science-fiction décrivant des voyages temporels renferment des contradictions, par exemple, qu'un certain événement passé s'est produit et ne s'est pas produit (étant donné l'intervention du voyageur dans le temps). Par conséquent, il n'y aurait pas de situation logiquement possible dans laquelle une personne (ou une chose) voyagerait dans le temps. Mais ce point de vue n'est pas unanime : plusieurs auteurs se sont efforcés de défendre la cohérence du concept de voyage dans le temps. Nous essayerons d'éviter les exemples controversés dans ce manuel.

4. Les mondes possibles

Il est parfois utile de recourir à la notion de monde logiquement possible pour déterminer si un raisonnement est valide. Un **monde logiquement possible** ou, plus brièvement, un monde possible, est un univers qui est concevable de manière cohérente. Imaginer un monde possible, c'est imaginer une façon dont notre univers aurait pu être. Un monde possible n'est pas une planète ou une galaxie éloignée qui pourrait ou non exister; il est plutôt un univers entier que l'on peut imaginer de manière cohérente.

Un monde possible peut être très similaire à notre univers, mais il peut aussi être très bizarre. Voici quelques mondes possibles :

> Un univers exactement comme le nôtre, sauf que Jean Chrétien s'est fait teindre les cheveux en orange.
> Un univers dans lequel il n'existe pas de force gravitationnelle.
> Un univers qui ne contient que trois cristaux de neige.

On peut évaluer la validité d'un raisonnement en s'appuyant sur cette notion. S'il existe un monde possible dans lequel les prémisses sont vraies et la conclusion est fausse, alors le raisonnement n'est pas valide ; s'il n'existe pas de tel monde, le raisonnement est valide.

> Tous les philosophes portent des lunettes.
> Nicole porte des lunettes.
> ∴ Nicole est une philosophe.

Y a-t-il un monde possible dans lequel les prémisses sont vraies et la conclusion fausse ? Bien sûr. Imaginons par exemple un monde dans lequel tous les philosophes portent des lunettes. Ce monde contient aussi des non-philosophes, dont certains portent des lunettes. Nicole est l'une de ces non-philosophes qui portent des lunettes. Dans ce monde, les deux prémisses sont vraies et la conclusion est fausse. Le raisonnement n'est donc pas valide.

Nous venons de montrer qu'un raisonnement n'est pas valide en décrivant un **contre-exemple** de ce raisonnement, c'est-à-dire un monde possible dans lequel les prémisses sont vraies et la conclusion est fausse. Cette notion nous permet de proposer une définition simple de la validité : un raisonnement valide est un raisonnement qui n'a pas de contre-exemple.

Pour établir qu'un raisonnement n'est pas valide, il suffit donc de montrer qu'il existe un contre-exemple de ce raisonnement.

> Si le conducteur est ivre, il a de la difficulté à se concentrer.
> Le conducteur a de la difficulté à se concentrer.
> ∴ Le conducteur est ivre.

Imaginons un monde dans lequel le conducteur est sobre, mais où, comme il a été privé de sommeil pendant 24 heures, il éprouve de la difficulté à se concentrer. Dans ce monde, les prémisses sont vraies et la conclusion est fausse. Le raisonnement est donc non valide.

Exercices A

Déterminez si les passages suivants décrivent des situations logiquement possibles.

1. Vous circulez à 80 km/h sur une route où la vitesse maximale permise est de 50 km/h.
2. Un être humain saute dans les airs et, au lieu de retomber au sol, il se met à flotter et à voler au gré de sa volonté.
3. Il n'y a plus de guerre sur terre.
4. Une boîte dans laquelle il y a quatre dés, deux crayons et une gomme à effacer ne contient que trois objets.
5. Vous mettez un billet de cent dollars dans un coffre-fort, fermez celui-ci, le rouvrez après cinq secondes et constatez que le billet a disparu.
6. Richard est plus grand que Patrice, Patrice est plus grand que Nicolas et Nicolas est plus grand que Richard.
7. Richard n'est pas plus grand que Patrice, Patrice n'est pas plus grand que Nicolas et Nicolas n'est pas plus grand que Richard.
8. $17 = 13$.
9. Un extraterrestre qui vient d'atterrir à Montréal se met à parler français avec un accent québécois.
10. Monica est la sœur de Pedro mais Pedro n'est pas le frère de Monica.

Exercices B

Vrai ou faux ?

1. Un raisonnement dont la conclusion est fausse ne peut être valide.
2. Dans un raisonnement valide, toutes les prémisses doivent être vraies.
3. Tout raisonnement dont les prémisses et la conclusion sont vraies est valide.
4. Tout raisonnement dont les prémisses sont vraies et la conclusion est fausse est non valide.

5. Tout raisonnement probant a une conclusion vraie.
6. Tout monde naturellement possible est aussi logiquement possible.
7. Un monde qui n'est pas logiquement possible n'est pas naturellement possible.
8. Il y a des mondes naturellement possibles qui ne sont pas logiquement possibles.
9. Un raisonnement qui n'a pas de contre-exemple n'est pas valide.

Exercices C

Déterminez si les raisonnements suivants sont valides. Imaginez un contre-exemple lorsque le raisonnement est non valide.

1. Si René est tombé du haut d'un immeuble de quatorze étages, alors il est mort. René est tombé du haut d'un immeuble de quatorze étages. Par conséquent, il est mort.
2. Selon les lois de la physique, aucun objet ne peut se déplacer plus vite que la lumière. Les lois de la physique sont vraies. Donc un vaisseau spatial ne peut se déplacer plus vite que la lumière.
3. J'ai laissé tomber ce verre de cristal sur le plancher de céramique. Le verre est donc cassé.
4. J'ai une seule cousine et elle a les yeux noirs. Véronique a les yeux bleus. Donc Véronique n'est pas ma cousine.
5. Les criminels consomment tous de l'alcool. Boris est un criminel. Par conséquent, Boris consomme de l'alcool.
6. Les criminels consomment tous de l'alcool. Boris consomme de l'alcool. Par conséquent, Boris est un criminel.
7. La Lune est plus grosse que la Terre. La Terre est plus grosse que le Soleil. Par conséquent, la Lune est plus grosse que le Soleil.
8. Il y a dix minutes, Thérèse a ingéré une dose de poison qui tue infailliblement en moins de cinq minutes. Thérèse est donc morte.
9. Ce livre a 256 pages. Par conséquent, ce livre a moins de 300 pages.
10. Il ne pleut jamais au Canada. Vancouver est au Canada. Donc, il ne pleut jamais à Vancouver.
11. Tous les sénateurs sont libéraux. Aucun libéral n'est conservateur. Par conséquent, aucun sénateur n'est conservateur.
12. Certains sénateurs sont libéraux. Aucun libéral n'est conservateur. Par conséquent, aucun sénateur n'est conservateur

13. Tous les étudiants qui étudient beaucoup obtiennent de bonnes notes. Donc tous les étudiants qui obtiennent de bonnes notes étudient beaucoup.
14. Certains étudiants qui étudient beaucoup obtiennent de bonnes notes. Donc certains étudiants qui obtiennent des bonnes notes étudient beaucoup.
15. Je vais donner quinze bonbons aux enfants de la garderie. Comme il n'y a que dix enfants dans la garderie, chaque enfant va avoir au moins un bonbon.
16. Je vais donner quinze bonbons aux enfants de la garderie. Comme il n'y a que dix enfants dans la garderie, au moins un enfant va avoir plus d'un bonbon.

5. Les raisonnements inductifs

Un raisonnement peut être tout à fait acceptable, bien qu'il ne soit pas valide. Plus souvent qu'autrement, nous recherchons non pas des prémisses qui garantissent la vérité de la conclusion, mais des prémisses qui rendent celle-ci probable. Un raisonnement dont les prémisses sont destinées à rendre probable la conclusion est un **raisonnement inductif** ou une **induction**.

Dans un raisonnement inductif, le lien entre les prémisses et la conclusion est une question de degré. Comme le montrent les exemples suivants, ce lien peut être très faible ou très fort :

Une infime minorité d'étudiants se sont présentés à l'examen.
Jean-Paul est un étudiant.
∴ Jean-Paul s'est présenté à l'examen.

Quelques étudiants se sont présentés à l'examen.
Jean-Paul est un étudiant.
∴ Jean-Paul s'est présenté à l'examen.

La plupart des étudiants se sont présentés à l'examen.
Jean-Paul est un étudiant.
∴ Jean-Paul s'est présenté à l'examen.

Quatre-vingt-dix-neuf pour cent des étudiants se sont présentés à l'examen.
Jean-Paul est un étudiant.
∴ Jean-Paul s'est présenté à l'examen.

Dans les troisième et quatrième raisonnements, les prémisses rendent la conclusion probable. Contrairement aux deux premiers raisonnements, ils atteignent leur objectif et sont donc adéquats. Un **raisonnement inductif adéquat** est un raisonnement dont les prémisses rendent la conclusion probable *à plus de* 50 % et *à moins de* 100 %. Un **raisonnement inductif inadéquat** est un raisonnement dont les prémisses rendent la conclusion probable à 50 % ou moins.

Pourquoi dire qu'un raisonnement dont la conclusion est probable à 50 % étant donné ses prémisses est inadéquat ? Supposons que nous tirions à pile ou face. Si la pièce n'est pas truquée, la probabilité qu'elle tombe pile est de 50 %. Nous n'avons donc aucune raison de croire qu'elle va tomber pile plutôt que face. Les raisonnements dont les prémisses rendent la conclusion probable à 50 % nous placent dans une situation analogue : pour cette raison, ils doivent être considérés comme inadéquats.

Si les prémisses d'un raisonnement rendent la conclusion probable à 100 %, alors elles garantissent la vérité de celle-ci. Dans un tel cas, nous avons affaire à un raisonnement valide. Les raisonnements valides sont ceux où le lien entre les prémisses et la conclusion est maximal. Comme les raisonnements valides sont des déductions et non des inductions, il est préférable de qualifier d'adéquats les seuls raisonnements dont les prémisses rendent la conclusion probable à moins de 100 %.

Lorsqu'on désire évaluer une induction, il faut prêter attention aux expressions comme « la plupart », « une majorité de », « plus de la moitié », etc. Typiquement (*mais pas toujours*), un raisonnement inductif adéquat contient l'une de ces expressions. Par ailleurs, les expressions « probable », « d'habitude », « normalement », etc., sont vagues, mais dans le reste de ce livre, nous allons considérer qu'elles indiquent une probabilité de plus de 50 %. Finalement, il faut se méfier des expressions « beaucoup », « un grand nombre de », « plusieurs », etc., qui n'indiquent pas nécessairement une majorité.

> Beaucoup de Chinois sont gauchers.
> Wen est chinois.
> ∴ Wen est gaucher.

La première prémisse n'affirme pas qu'une majorité de Chinois sont gauchers. Elle n'entraîne donc pas que si on choisissait au hasard un Chinois, la probabilité qu'il soit gaucher serait supérieure à 50 %. Il est fort possible que bien qu'il y ait beaucoup de Chinois gauchers (des millions sans doute), ceux-ci ne constituent qu'une minorité. Comme les prémisses ne rendent pas la conclusion probable à plus de 50 %, nous devons considérer le raisonnement comme inadéquat.

En règle générale, notre politique sera de considérer comme inadéquats les raisonnements inductifs dont les prémisses n'entraînent pas de façon *claire* et *explicite* que la conclusion est probable à plus de 50 %.

Exercices D

Déterminez si les raisonnements inductifs suivants sont adéquats.

1. La plupart des films à louer chez *Vidéofolie* sont des films d'action. Rosalie a loué un film chez *Vidéofolie*. Elle a donc loué un film d'action.
2. Habituellement, le chat ronronne lorsqu'on le caresse. Si tu caresses le chat, il va ronronner.
3. Soixante-quinze pour cent des policiers font de l'exercice régulièrement. Jacques fait de l'exercice régulièrement. Par conséquent, Jacques est policier.
4. Environ 10 % de nos employés ont 50 ans ou plus. Gérard est un de nos employés. Par conséquent, Gérard a moins de 50 ans.
5. Puisque normalement un oiseau peut voler, l'oiseau que l'on peut voir là-bas peut voler.
6. La majorité des gens croit que la Terre tourne autour du Soleil. Par conséquent, la Terre tourne autour du Soleil.
7. Plusieurs joueurs de basket-ball mesurent plus de deux mètres. Par conséquent, Gilles, un joueur de basket-ball, mesure plus de deux mètres.
8. Plus de la moitié des personnes qui ont le cancer des poumons sont des fumeurs. Carl est un fumeur. Il va donc avoir le cancer des poumons.
9. La plupart des toxicomanes ont des problèmes financiers. Donc, la plupart de ceux qui ont des problèmes financiers sont des toxicomanes.
10. Corinne m'a dit qu'elle est malade. Elle est donc malade.
11. Une minorité d'avocats ne sont pas honnêtes. Brisebois, un avocat, est donc honnête.
12. René est tombé du haut d'un immeuble de quatorze étages. Par conséquent, il est mort.

6. Autres définitions

La distinction entre déduction et induction est couramment caractérisée en termes de la généralité relative des prémisses et de la conclusion. On définit ainsi une déduction comme un raisonnement qui va du général au particulier, alors qu'une induction serait un raisonnement qui va du particulier au général. Ces définitions usuelles ne sont pas satisfaisantes. Voyons pourquoi.

> Tous les astrologues sont frivoles.
> Colin est astrologue.
> ∴ Colin est frivole.

La conclusion de cette déduction est un énoncé particulier, puisqu'il porte sur un seul individu (Colin). La première prémisse est un énoncé général, car il porte sur l'ensemble des membres d'une certaine catégorie (les astrologues). Ce raisonnement déductif va donc du général au particulier, conformément à la définition populaire.

> King Kong est un monstre et est féroce.
> Godzilla est un monstre et est féroce.
> Hulk est un monstre et est féroce.
> ∴ Tous les monstres sont féroces.

Cette induction s'appuie sur des prémisses particulières pour conduire à une conclusion générale, et est elle aussi conforme à la définition populaire.

Il existe cependant de nombreuses exceptions aux définitions populaires. Les raisonnements suivants sont déductifs, mais ils ne procèdent pas du général au particulier :

> Socrate est un philosophe grec.
> ∴ Socrate est un philosophe.

> Tous les chats sont des mammifères.
> Tous les mammifères sont des animaux.
> ∴ Tous les chats sont des animaux.

La première déduction ne contient que des énoncés particuliers, alors que la seconde consiste entièrement en des énoncés généraux.

Par ailleurs, une induction peut, dans certains cas, s'appuyer sur des prémisses générales ; elle peut aussi comporter une conclusion particulière :

Toutes les oranges sont des agrumes et contiennent de la vitamine C.
Tous les pamplemousses sont des agrumes et contiennent de la vitamine C.
Toutes les clémentines sont des agrumes et contiennent de la vitamine C.
∴ Tous les agrumes contiennent de la vitamine C.

Musashi est un samouraï et est courageux.
Kempo est un samouraï et est courageux.
Akira est un samouraï et est courageux.
Kojiro est un samouraï.
∴ Kojiro est courageux.

Ces exemples montrent qu'il est incorrect de caractériser les déductions comme des raisonnements qui procèdent du général au particulier, et les inductions comme des raisonnements qui procèdent du particulier au général. Il est donc préférable de s'en tenir aux définitions données aux sections 1 et 5.

7. L'évaluation des raisonnements complexes

Comment devons-nous évaluer un raisonnement comprenant plus d'une inférence? Il faut déterminer la probabilité de la conclusion finale, étant donné la vérité des prémisses de base. On parlera parfois de la **force d'un raisonnement** pour désigner sa validité, ou son caractère adéquat ou inadéquat. Quatre cas doivent être distingués:

(a) Toutes les inférences sont valides. Dans ce cas, le raisonnement complexe est valide.

Considérons un raisonnement complexe qui n'a que deux inférences:

Prémisse de base (P)
↓ valide
Conclusion intermédiaire (I)
↓ valide
Conclusion finale (C)

Ce raisonnement est valide, puisque si la vérité de P garantit celle de I et que la vérité de I garantit celle de C, alors la vérité de P garantit celle de C. En d'autres termes, la validité des deux inférences indique que dans tous les mondes possibles où P est vraie, I est aussi vraie, et que dans tous les mondes possibles où I est vraie, C est aussi vraie. Par conséquent, dans tous les mondes possibles où *P* est vraie, *C* est aussi vraie. Le raisonnement complexe est donc valide. Ce résultat peut être généralisé à tout autre raisonnement complexe comportant plus de deux inférences valides.

(b) Le raisonnement complexe contient au moins une inférence inadéquate. Dans ce cas, le raisonnement complexe est inadéquat.

Prémisse de base (*P*)
↓   valide ou adéquate
Conclusion intermédiaire (*I*)
↓   inadéquate
Conclusion finale (*C*)

Si *I* ne rend pas probable *C*, alors *P* ne peut rendre probable *C*. Par conséquent, peu importe combien d'inférences un raisonnement complexe comporte, la présence d'une inférence inadéquate suffit à rendre ce raisonnement inadéquat.

(c) Le raisonnement complexe ne comporte que des inférences valides et une inférence inductive adéquate. Dans ce cas, le raisonnement complexe est adéquat.

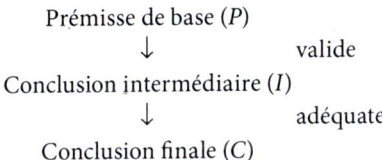

Prémisse de base (*P*)
↓   valide
Conclusion intermédiaire (*I*)
↓   adéquate
Conclusion finale (*C*)

Si la vérité de *P* garantit celle de *I* et que la vérité de *I* rend probable celle de *C*, alors la vérité de *P* rend probable celle de *C*. Par conséquent, s'il n'y a qu'une seule inférence adéquate et que toutes les autres inférences sont valides, alors le raisonnement complexe est adéquat.

(d) Le raisonnement complexe comporte plus d'une inférence inductive adéquate. Dans ce cas, le raisonnement complexe peut être adéquat ou inadéquat.

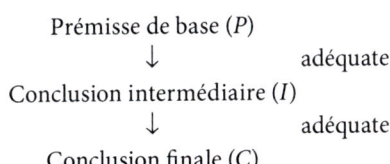

Prémisse de base (*P*)
↓   adéquate
Conclusion intermédiaire (*I*)
↓   adéquate
Conclusion finale (*C*)

Supposons que *P* rende *I* probable à 80 % et que *I* rende *C* probable à 90 %. Dans ce cas, la probabilité de *C* étant donné *P* est de 80/100 X 90/100 = 72 %, et le raisonnement complexe est adéquat. Supposons par ailleurs que *P* rende *I* probable à 60 % et que *I* rende *C* probable à 70 %. Dans ce cas, la probabilité de *C* étant donné *P* est de 60/100 X 70/100 = 42 %, et le raisonnement complexe est inadéquat. Ainsi, l'évaluation d'un raisonnement complexe comportant plus d'une inférence adéquate doit tenir compte de la force précise de chacune des inférences.

Malheureusement, comme les raisonnements inductifs sont rarement exprimés en termes de pourcentage précis, l'évaluation des raisonnements inductifs complexes est souvent très difficile, sinon impossible. Notre politique sera d'exiger une indication claire et explicite que les prémisses de base rendent la conclusion finale probable à plus de 50 % pour conclure que le raisonnement complexe est adéquat.

1. Elsa est une étudiante.
2. La plupart des étudiants ont réussi à l'examen.
3. Elsa a réussi à l'examen. 1, 2
4. La majorité des étudiants qui ont réussi à l'examen ont réussi au cours.
5. Elsa a réussi au cours. 3, 4

Les deux inférences de ce raisonnement sont adéquates, mais il n'est pas possible de déterminer la force du raisonnement complexe, puisque nous ne connaissons pas la proportion précise des étudiants qui ont réussi à l'examen et la proportion précise des étudiants qui ont réussi au cours parmi ceux qui ont réussi à l'examen. Comme le raisonnement ne fournit pas d'indication claire que la conclusion est probable étant donné les prémisses de base, nous devons le considérer comme inadéquat.

Exercices E

Déterminez la force des raisonnements suivants.

Les lettres « V », « A » et « I » sont utilisées comme abréviations de « valide », « adéquat » et « inadéquat ».

1. $\underline{1 + 2}$
    $\downarrow$ V
    3
    $\downarrow$ A
    4

2. 1
    I $\downarrow$
    $\underline{2 + 3}$
    $\downarrow$ V
    5

3. 3
    $\downarrow$ I
    2
    $\downarrow$ A
    1

4. 2   3
    I $\downarrow$ $\downarrow$ A
    $\underline{1 + 4}$
    $\downarrow$ V
    5

5. 3   5
    A $\downarrow$ $\downarrow$ V
    $\underline{2 + 4}$
    $\downarrow$ V
    1

6. 3   4
    I $\downarrow$ $\downarrow$ V
    $\underline{1 + 2}$
    $\downarrow$ A
    5

8. Les raisonnements comportant des prémisses indépendantes

Les résultats de la section précédente ne peuvent être appliqués tels quels aux raisonnements comportant des prémisses indépendantes.

1 [Renaldo est célibataire,] car **2** [tous les membres du club sont célibataires] et **3** [Renaldo est membre du club.] En outre, **4** [Renaldo m'a dit qu'il est célibataire.]

Ce raisonnement comporte deux inférences indépendantes conduisant à la même conclusion. Le schéma de ce raisonnement est le suivant :

$$\underline{2 + 3} \quad 4$$
$$V \searrow \quad \swarrow I$$
$$1$$

L'inférence de **2** et **3** à **1** est valide : il n'existe pas de contre-exemple de cette inférence. L'inférence de **4** à **1**, par contre, n'est pas valide, puisque Renaldo a peut-être menti lorsqu'il a dit qu'il était célibataire. Il est aussi possible que Renaldo ne soit pas au courant qu'il est marié, qu'il ait oublié ce fait, etc. Est-ce que la vérité de **4** rend probable **1** ? Comme il n'y a pas d'indication claire à cet effet, nous devons tenir l'inférence pour inadéquate.

Quelle est la force du raisonnement complexe ? Selon ce que nous avons dit à la section 7, ce raisonnement devrait être considéré comme inadéquat, puisqu'il comporte une inférence inadéquate. Mais cela serait une erreur, car les prémisses **2** et **3** garantissent la vérité de **1**, que **4** soit vraie ou non. Comme la probabilité que **1** soit vraie, étant donné la vérité des prémisses de base **2**, **3** et **4**, est de 100 %, le raisonnement est valide. Le fait que l'inférence qui va de **4** à **1** est inadéquate n'affecte ni la validité de la première inférence ni celle du raisonnement lui-même. Nous devons donc réviser les règles de la section précédente.

Le raisonnement précédent comporte deux enchaînements. Un **enchaînement** est une partie continue maximale d'un raisonnement qui ne comporte pas de prémisses indépendantes. Un enchaînement doit donc partir des prémisses de base (et inclure toutes celles qui ne mènent pas de manière indépendante à la même conclusion) et se rendre de façon continue, c'est-à-dire sans sauter d'énoncés, jusqu'à la conclusion finale. L'identification des enchaînements d'un raisonnement complexe n'est pas toujours simple, mais on peut appliquer la méthode suivante :

Il faut partir de la conclusion finale et remonter le schéma jusqu'aux prémisses de base en incluant tous les énoncés, sauf lorsqu'il y a plus d'une flèche qui est dirigée vers une même conclusion ; dans ce cas, on aura autant d'enchaînements qu'il y a de flèches dirigées vers cette conclusion.

Les schémas suivants comportent plus d'un enchaînement ; chaque enchaînement a été entouré :

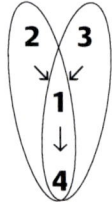 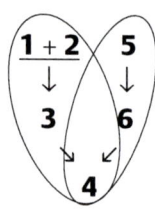 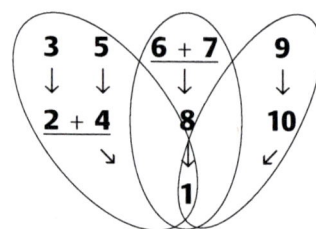

Comment évaluer les raisonnements de ce type ? Il faut procéder en deux étapes. Tout d'abord, on doit évaluer la force de chacun des enchaînements. Comme un enchaînement ne comporte pas de prémisses indépendantes, on peut appliquer les résultats (a)-(d) de la section précédente. Pour évaluer le raisonnement complet, il faut tenir compte de la force de chacun des enchaînements. On peut ici s'appuyer sur la règle suivante :

La force d'un raisonnement comportant plus d'un enchaînement est égale à celle de l'enchaînement le plus fort.

Considérons le schéma suivant :

```
    1   3   5
   I↘ ↙V  ↓ A
     2 + 4
      ↓ V
       6
```

Ce raisonnement contient deux enchaînements :

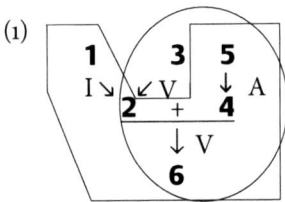

L'enchaînement (1) est inadéquat, car il contient une inférence inadéquate, alors que l'enchaînement (2) est adéquat, car il ne comporte que des inférences valides et une seule inférence adéquate. Comme l'enchaînement le plus fort est adéquat, le raisonnement est adéquat.

Exercices F

Déterminez la force des raisonnements suivants. Encerclez les différents enchaînements qu'ils comportent.

1.
```
    1
   ↓V
  2   3
 A ↘ ↙ I
    4
```

2.
```
   1     3
  V↓    ↓ A
   2     4
  A ↘ ↙ I
      5
```

3.
```
   3   4
  V↘ ↙ A
    2
   ↓ V
    1
```

4.
```
   2   3
  V ↘ ↙ I
    1 + 4
    ↓ A
      5
```

5.
```
    3   5   6
   I ↓  V↘ ↙ A
      2 + 4
      ↓ V
       1
```

6.
```
   4   5
  V↘ ↙ I
   3     2
   A ↘ ↙ I
       1
```

NOTIONS CLÉS

Contre-exemple d'un raisonnement: monde possible dans lequel les prémisses sont vraies et la conclusion est fausse.

Enchaînement: partie continue maximale d'un raisonnement qui ne comporte pas de prémisses indépendantes.

Force d'un raisonnement: validité, caractère adéquat ou caractère inadéquat d'un raisonnement.

Monde logiquement possible (monde possible): univers concevable de manière cohérente.

Raisonnement déductif (déduction): raisonnement tenu pour valide par son auteur.

Raisonnement inductif (induction): raisonnement dont les prémisses sont destinées à rendre probable la conclusion.

Raisonnement inductif adéquat: raisonnement dont les prémisses rendent la conclusion probable à plus de 50 % et à moins de 100 %.

Raisonnement inductif inadéquat: raisonnement dont les prémisses rendent la conclusion probable à 50 % ou moins.

Raisonnement probant: raisonnement valide dont les prémisses sont vraies.

Raisonnement valide: raisonnement tel que si ses prémisses sont vraies, alors sa conclusion doit nécessairement être vraie ; raisonnement tel qu'il est logiquement impossible que ses prémisses soient vraies et sa conclusion fausse ; raisonnement qui n'a pas de contre-exemple.

Situation logiquement possible: situation qui, en principe, est concevable de manière cohérente.

Situation naturellement possible: situation qui est possible étant donné les lois de la nature.

4

Les raisonnements déductifs

Au chapitre précédent, nous avons expliqué comment on peut déterminer la validité d'un raisonnement en essayant d'imaginer s'il existe un monde possible dans lequel les prémisses sont vraies et la conclusion est fausse. Dans le présent chapitre, nous allons montrer comment la validité de certains raisonnements peut être établie simplement à partir de leur forme.

1. La forme logique des énoncés

Les énoncés suivants ont quelque chose en commun :

S'il pleut, la fête est annulée.
Si le fruit est mûr, alors il est sucré.
Si Suzanne est à Miami, alors elle est en Floride.

Bien qu'ils portent sur des sujets très différents, ces énoncés ont la même forme logique, à savoir « Si p, alors q ». Il est très important de reconnaître la forme logique d'un énoncé lorsqu'on veut évaluer un raisonnement dont il fait partie. Comme nous le verrons bientôt, certains raisonnements sont valides par la seule vertu de la forme logique des énoncés qu'ils comportent. Autrement dit, la validité de ces raisonnements est tout à fait indépendante du contenu de ces énoncés, c'est-à-dire ce sur quoi ils portent. On peut caractériser la forme logique d'un énoncé en identifiant les **connecteurs logiques** qu'il contient, ainsi que l'ordre dans lequel ces connecteurs figurent dans l'énoncé. Voici quelques-uns de ces connecteurs.

La conjonction

Considérons les énoncés suivants:

> Stéphane est sportif et il aime la musique classique.
> Stéphane est sportif, mais il aime la musique classique.
> Bien que Stéphane soit sportif, il aime la musique classique.

Ces énoncés n'ont pas tout à fait la même connotation. Les deux derniers suggèrent que le fait que quelqu'un est sportif et aime la musique classique a quelque chose d'inhabituel ou d'étonnant, alors que le premier reste neutre à ce sujet. Cependant, ces énoncés affirment tous trois que Stéphane est sportif *et* qu'il aime la musique classique. Ils sont donc vrais dans exactement les mêmes circonstances (ou mondes possibles), c'est-à-dire dans les circonstances où Stéphane est sportif et aime la musique classique (et seulement dans ces circonstances). En ce sens, les trois énoncés sont équivalents et sont tous de la forme «p et q». En logique formelle, le symbole «$\wedge$» est utilisé pour représenter le mot «et». Ce symbole est un connecteur logique et le type d'énoncés qu'il forme est une **conjonction**:

> $p \wedge q$

La façon la plus courante de former une conjonction est de lier deux affirmations par le mot «et», mais on peut aussi former une conjonction en ayant recours à des expressions comme «mais», «bien que», «pourtant» et «cependant».

Dans l'usage ordinaire de «et», l'ordre des termes de la conjonction peut parfois être crucial. En effet, dans certains contextes, «et» a un sens temporel équivalent à «et puis». Par exemple, l'énoncé «Kevin a fait une blague sexiste et Marianne l'a giflé» suggère une succession temporelle: Marianne a giflé Kevin après que celui-ci a fait sa blague sexiste et non avant. Cet énoncé n'est donc pas équivalent à «Marianne a giflé Kevin et ce dernier a fait une blague sexiste». Voilà un aspect sous lequel «et» et

« ∧ » diffèrent. En effet, en logique formelle, les énoncés $p \wedge q$ et $q \wedge p$ sont *toujours* équivalents.

La disjonction

La **disjonction** est formée à l'aide du mot « ou », comme dans :

> Il ment ou il est fou.

Cet énoncé a la forme « *p* ou *q* ». Le connecteur « ∨ » symbolise « ou », et une disjonction a la forme :

> $p \vee q$

Une disjonction peut aussi être formée à l'aide de « ou bien... ou bien ».

Il y a trois types de situations dans lesquelles l'énoncé « Il ment ou il est fou » est vrai : s'il ment mais n'est pas fou ; s'il est fou mais ne ment pas ; s'il ment et est fou. Nous dirons que le « ou » a, dans cet énoncé, un sens *inclusif*, c'est-à-dire qu'il permet la possibilité que les deux termes de la disjonction soient vrais. Autrement dit, lorsque « ou » a un sens inclusif, « *p* ou *q* » signifie « *p* ou *q*, ou les deux » (ou « *p* et/ou *q* », comme on écrit parfois). En logique formelle, le symbole « ∨ » a lui aussi un sens inclusif : autrement dit, un énoncé de la forme $p \vee q$ est vrai lorsque *p* est vrai, lorsque *q* est vrai et lorsque *p* et *q* sont tous deux vrais.

Le mot « ou » est cependant parfois utilisé en un sens *exclusif*, c'est-à-dire en un sens qui exclut la possibilité que les deux termes de la disjonction soient vrais. Il sert alors à exprimer « *p* ou *q*, mais pas les deux ». Supposons par exemple que vous soyez au restaurant et que vous demandiez au serveur si la table d'hôte comprend un dessert. Ce dernier vous répond :

> Vous pouvez prendre du gâteau ou de la tarte.

Le serveur ne veut sans doute pas suggérer que vous pouvez prendre du gâteau *et* de la tarte. Il utilise donc le « ou » en un sens exclusif. Les expressions « ou... ou » et « ou bien... ou bien » sont parfois utilisées pour souligner l'exclusion des deux termes de la disjonction, comme lorsqu'un parent dit à ses enfants :

Ou bien vous regardez la télé ou bien vous vous amusez avec le train électrique.

Dans le reste de ce manuel, nous supposerons que les disjonctions auxquelles nous avons affaire sont des disjonctions *inclusives*, comme il est coutume de le faire en logique.

La négation

Il y a différentes façons de nier un énoncé en français : nous pouvons dire « Les frites ne sont pas bonnes pour la santé » ou « Ce n'est pas vrai que les frites sont bonnes pour la santé ». Ces énoncés ont la forme « non p », que l'on symbolise de la façon suivante :

$\neg p$

Un énoncé formé à l'aide du connecteur « $\neg$ » est une **négation**.

Le conditionnel

Le **conditionnel** est un énoncé de la forme « Si p, alors q ». Ce genre d'énoncés est symbolisé comme suit :

$p \supset q$

L'énoncé qui précède le connecteur « $\supset$ » est l'**antécédent** du conditionnel et celui qui le suit est le **conséquent**.

Il importe de prêter attention à la position du « si » dans un conditionnel. L'énoncé « S'il pleut, le match va être annulé » est équivalent à « Le match va être annulé s'il pleut ». On a donc :

q si p = Si p, alors q = $p \supset q$

Il y a d'autres façons d'exprimer un conditionnel en français. Par exemple :

Lorsque p, q = Si p, alors q

Considérons maintenant l'énoncé suivant :

Une équipe a du succès seulement si elle s'entraîne régulièrement.

Cet énoncé ne dit pas que si une équipe s'entraîne régulièrement, alors elle a du succès. Il est en effet compatible avec le fait que bien des équipes qui s'entraînent régulièrement n'ont pas beaucoup de succès. L'énoncé affirme plutôt que toutes les équipes qui ont du succès s'entraînent régulièrement ; en d'autres termes :

Si une équipe a du succès, alors elle s'entraîne régulièrement.

On a donc les équivalences suivantes :

p seulement si q = Si p, alors q = $p \supset q$

Puisque l'expression « seulement si » est souvent mal interprétée, il n'est pas superflu d'examiner un autre exemple :

Nous sommes à Paris seulement si nous sommes en France.

Cet énoncé est vrai, puisqu'il faut être en France pour être à Paris. L'énoncé n'est manifestement pas équivalent à :

Si nous sommes en France, alors nous sommes à Paris.

On peut en effet être en France sans être à Paris. L'énoncé est plutôt équivalent à :

Si nous sommes à Paris, alors nous sommes en France.

Notons finalement que l'expression « ne... que si » est synonyme de « seulement si ». On aurait donc pu écrire :

Nous ne sommes à Paris que si nous sommes en France.

Le biconditionnel

Le **biconditionnel** est un énoncé de la forme « p si et seulement si q ». On le symbolise comme suit :

$p \equiv q$

Un biconditionnel est en fait la conjonction de deux conditionnels. On peut le constater en examinant l'énoncé biconditionnel :

Anne a gagné si et seulement si elle a obtenu la plus haute note.

Cet énoncé peut être réécrit de la façon suivante :

Anne a gagné si elle a obtenu la plus haute note, et Anne a gagné seulement si elle a obtenu la plus haute note.

Compte tenu des équivalences notées à la section précédente, cet énoncé peut être réécrit comme suit :

Si elle a obtenu la plus haute note, Anne a gagné, et si Anne a gagné, elle a obtenu la plus haute note.

Comme l'ordre des deux termes de la conjonction peut être inversé, on obtiendra indifféremment :

Si Anne a gagné, elle a obtenu la plus haute note, et si elle a obtenu la plus haute note, Anne a gagné.

Cette dérivation montre que :

p si et seulement si q = Si p, alors q, et si q, alors p

Autrement dit :

$p \equiv q = (p \supset q) \wedge (q \supset p)$

Notons que l'expression « seulement si » est parfois utilisée comme s'il s'agissait d'un biconditionnel. Par exemple :

Tu as droit à du dessert seulement si tu as été sage toute la journée.

Cet énoncé semble suggérer les deux choses suivantes :

Si tu as droit à du dessert, alors tu as été sage toute la journée.
Si tu as été sage toute la journée, alors tu as droit à du dessert.

L'énoncé serait donc équivalent à :

Tu as droit à du dessert si et seulement si tu as été sage toute la journée.

Cependant la pratique courante en logique est de traiter « seulement si » comme un conditionnel et non pas comme un biconditionnel. Nous nous en tiendrons à cette pratique dans ce manuel.

« Sauf si » et « à moins que »

Considérons l'énoncé suivant :

La cycliste va perdre la première place, sauf si elle réussit à réparer sa crevaison.

Cet énoncé est équivalent à « La cycliste va perdre la première place si elle ne réussit pas à réparer sa crevaison », que l'on peut réécrire :

> Si elle ne réussit pas à réparer sa crevaison, la cycliste va perdre la première place.

Il faut noter que l'énoncé n'affirme pas que la cycliste va conserver la première place si elle réussit à réparer sa crevaison : tout ce qui est dit, c'est qu'elle *pourrait* ne pas perdre la première place dans un tel cas. Par conséquent, l'énoncé initial *n'est pas* équivalent à « Si elle réussit à réparer sa crevaison, la cycliste ne va pas perdre la première place ». On a donc :

p sauf si q = Si non q, alors p = $\neg q \supset p$

Par ailleurs, l'énoncé « La cycliste va perdre la première place, sauf si elle réussit à réparer sa crevaison » est aussi équivalent à :

> La cycliste réussira à réparer sa crevaison ou elle perdra la première place.

On a donc :

p sauf si q = p ou q = $p \vee q$

Comme l'expression « à moins que ... ne » est synonyme de « sauf si », on a :

p à moins que q = $\neg q \supset p$ = $p \vee q$

Autrement dit, les quatre énoncés suivants sont équivalents :

> La cycliste va perdre la première place, à moins qu'elle ne réussisse à réparer sa crevaison.

> La cycliste va perdre la première place, sauf si elle réussit à réparer sa crevaison.

> Si elle ne réussit pas à réparer sa crevaison, la cycliste va perdre la première place.

> La cycliste réussira à réparer sa crevaison ou elle perdra la première place.

Il est intéressant de noter que les expressions « sauf si » et « à moins que... ne » sont elles aussi parfois utilisées pour exprimer un biconditionnel.

> Cette crêpe sera parfaite sauf si je la fais frire trop longtemps.

Cet énoncé signifie que :

Si je ne la fais pas frire trop longtemps, cette crêpe sera parfaite,

Mais il semble aussi impliquer que :

Si je la fais frire trop longtemps, cette crêpe ne sera pas parfaite.

Autrement dit, l'énoncé semble équivalent à :

Cette crêpe sera parfaite si et seulement si je ne la fais pas frire trop longtemps.

Notre politique sera toutefois d'interpréter l'expression « sauf si » conformément aux équivalences données plus haut, qui reflètent l'aspect central de sa signification.

2. La symbolisation d'énoncés complexes

L'objectif d'une symbolisation est de rendre explicite la forme logique d'un énoncé complexe. Nous dirons qu'un énoncé est **simple** s'il ne comporte aucun connecteur logique et qu'il est **complexe** s'il comporte au moins un connecteur logique. Comme la négation est un connecteur logique, un énoncé de la forme « non p », tel que « Il n'est pas heureux », est complexe. La première étape de la symbolisation consiste à identifier les propositions de l'énoncé complexe et à leur attribuer des lettres majuscules qui leur serviront d'abréviations.

Il est heureux et il sourit.

Nous utiliserons « H » pour « Il est heureux » et « S » pour « Il sourit ». La symbolisation de l'énoncé est donc :

H ∧ S

Voici d'autres exemples, où « P » est l'abréviation de « Il pleut » :

Énoncé	Type	Symbolisation
Il n'est pas heureux	négation	¬H
Il est heureux et il sourit	conjonction	H ∧ S
Il est heureux ou il pleure	disjonction	H ∨ P
S'il sourit, alors il est heureux	conditionnel	S ⊃ H
Il est heureux s'il sourit	conditionnel	S ⊃ H
Il sourit seulement s'il est heureux	conditionnel	S ⊃ H
Il sourit si et seulement s'il est heureux	biconditionnel	S ≡ H
Il pleut sauf s'il est heureux	conditionnel, ou disjonction	¬H ⊃ P, ou P ∨ H

Considérons maintenant l'énoncé suivant :

S'il sourit et pleure, alors il n'est pas heureux.

Il s'agit d'un énoncé conditionnel dont l'antécédent est « S ∧ P » et le conséquent est « ¬ H » :

(S ∧ P) ⊃ ¬ H

Il serait bon à ce point d'introduire la notion de connecteur principal. **Le connecteur principal** d'un énoncé est le connecteur qui s'applique à l'énoncé complet et non pas seulement à une partie de celui-ci. Dans l'exemple précédent, le connecteur « si..., alors... » (« ⊃ ») lie les énoncés « Il sourit et pleure » et « Il n'est pas heureux », alors que le connecteur « et » (« ∧ ») lie les énoncés « Il sourit » et « Il pleure ». Le connecteur principal est donc « si..., alors... ».

Il faut noter le rôle crucial joué par les parenthèses ici. L'énoncé « S ∧ P » est entouré de parenthèses pour signaler que c'est bien « S ∧ P » qui est l'antécédent du conditionnel et non pas simplement « P ».

Il sourit et s'il pleure, alors il n'est pas heureux.

Le connecteur principal de cet énoncé est « et », et non pas « si..., alors... ». L'énoncé est donc une conjonction, dont l'un des termes est un conditionnel :

S ∧ (P ⊃ ¬ H)

Un énoncé tel que « S ∧ P ⊃ ¬ H » est mal formé et donc inacceptable, puisqu'il peut être interprété de deux façons, c'est-à-dire comme signifiant « (S ∧ P) ⊃ ¬ H » ou comme signifiant « S ∧ (P ⊃ ¬ H) ».

Examinons un exemple un peu plus difficile :

Il sourit sauf s'il pleure et n'est pas heureux.

Comme « p sauf si q » a la forme « ¬ q ⊃ p », le connecteur principal de l'énoncé est « ⊃ ». L'antécédent du conditionnel est la négation de l'énoncé qui suit « sauf si », autrement dit :

¬ (P ∧ ¬ H)

Le conséquent du conditionnel est simplement « S ». On a donc :

¬ (P ∧ ¬ H) ⊃ S

Exercices A

Symbolisez les énoncés suivants.

Les abréviations à adopter sont données entre parenthèses. Assurez-vous d'utiliser le symbole de négation pour représenter un énoncé qui est nié.

1. Si le temps le permet, nous irons à la campagne et ferons une randonnée dans la forêt. (T, C, R)
2. François va venir à la fête seulement si Christine est aussi présente. (F, C)
3. Il mange et boit si et seulement si il a faim et soif. (M, B, F, S)
4. Ou bien elle connaît la vérité et elle ment, ou bien elle ne connaît pas la vérité et elle est naïve. (C, M, N)
5. Elle est au courant sauf si elle est en vacances et ne lit pas le journal. (C, V, L)
6. Si l'être humain a une âme et que l'âme survit à la mort, alors l'âme n'est pas physique et nous sommes plus qu'un amas de particules. (H, S, P, N)
7. S'il y a une guerre nucléaire, nous allons mourir, à moins que nous ne trouvions refuge dans un abri nucléaire. (G, M, R)
8. Les animaux peuvent ressentir de la douleur, et il est cruel de les traiter ainsi s'ils peuvent ressentir de la douleur. (D, C)
9. Si la campagne électorale est bien menée, alors Bédard va être élue seulement si elle remporte le débat. (C, B, R)
10. À moins qu'ils ne soient très chanceux, les Marteaux-piqueurs ne seront pas capables de remonter la pente et les Vilebrequins vont gagner la coupe. (C, M, V)

3. Les règles d'inférence

Les huit règles d'inférence suivantes sont des formes de raisonnement valides. Cela veut dire que tout raisonnement ayant l'une de ces formes est valide ; autrement dit, il n'est pas possible qu'un tel raisonnement ait des prémisses vraies et une conclusion fausse. Il est bon de se familiariser avec ces règles, puisque celles-ci sont fréquemment utilisées, la plupart du temps de manière implicite, non seulement dans les contextes scientifiques et techniques, mais aussi dans la vie courante.

Modus ponens (MP)

Si p, alors q $\qquad\qquad\qquad p \supset q$
p $\qquad\qquad\qquad\qquad\quad\ \ p$
$\therefore q$ $\qquad\qquad\qquad\qquad\quad \therefore q$

Voici un exemple simple de *modus ponens*, ou « affirmation de l'antécédent » :

Si Cerbère est un monstre à trois têtes, alors il a besoin de la nouvelle aspirine à triple action.
Cerbère est un monstre à trois têtes.
∴ Cerbère a besoin de la nouvelle aspirine à triple action.

On peut aisément se convaincre que ce raisonnement est valide. En effet, un contre-exemple de ce raisonnement serait un monde possible dans lequel les prémisses sont vraies et la conclusion est fausse. Autrement dit, il s'agirait d'un monde où Cerbère est un monstre à trois têtes (puisque l'on suppose que la seconde prémisse est vraie) et Cerbère a besoin de la nouvelle aspirine à triple action (puisque l'on suppose que la première prémisse est vraie). Mais si la conclusion est fausse, Cerbère n'a pas besoin de la nouvelle aspirine à triple action, ce qui contredit ce que l'on vient de dire. Il n'y a donc pas de monde possible dans lequel les prémisses sont vraies et la conclusion est fausse.

Un raisonnement de la forme *modus ponens* peut comporter des énoncés complexes à la place de p et q :

S'il a été tourné en noir et blanc et que le récit n'est pas linéaire, alors son nouveau film ne sera pas populaire mais sera bien reçu par la critique.
Son nouveau film a été tourné en noir et blanc et le récit n'est pas linéaire.
∴ Son nouveau film ne sera pas populaire, mais sera bien reçu par la critique.

Notons que l'ordre des prémisses n'a pas d'importance. Les raisonnements suivants sont eux aussi de la forme *modus ponens* :

$\neg A \supset (B \equiv C)$ $\qquad\qquad (A \supset B) \supset C \qquad\qquad A$
$\neg A$ $\qquad\qquad\qquad\qquad\quad\ \ A \supset B \qquad\qquad\qquad\ \ A \supset \neg B$
$\therefore B \equiv C$ $\qquad\qquad\qquad\quad \therefore C \qquad\qquad\qquad\qquad \therefore \neg B$

Modus tollens (MT)

Si p, alors q $p \supset q$
Non q $\neg q$
∴ Non p ∴ $\neg p$

Si c'est de la neige, alors c'est froid.
Ce n'est pas froid.
∴ Ce n'est pas de la neige.

La seconde prémisse du *modus tollens* nie le conséquent de la première. Cela peut se faire de diverses façons. Par exemple, on pourrait avoir :

Si c'est de la neige, alors ce n'est pas chaud.
C'est chaud.
∴ Ce n'est pas de la neige.

Voici d'autres exemples de *modus tollens*, ou négation du conséquent :

$A \supset \neg B$ $\neg A \supset B$ $\neg A \supset \neg B$
B $\neg B$ B
∴ $\neg A$ ∴ A   ∴ A

La conjonction (Conj)

p p
q q
∴ p et q ∴ $p \wedge q$

Ivana est riche.
Ivana est célèbre.
∴ Ivana est riche et célèbre.

La simplification (Simp)

p et q $p \wedge q$
∴ p ∴ p

Je suis pauvre et malade.
∴ Je suis pauvre.

Le syllogisme disjonctif (SD)

p ou q $p \lor q$
Non p $\neg p$
∴ q ∴ q

Il est parti avec la voiture ou le vélo.
Il n'est pas parti avec la voiture.
∴ Il est parti avec le vélo.

Le nom de cette forme de raisonnement est plus facile à retenir si l'on sait qu'un syllogisme est un raisonnement comportant deux prémisses et qu'une prémisse clé du syllogisme disjonctif est une disjonction.

Le syllogisme hypothétique (SH)

Si p, alors q $p \supset q$
Si q, alors r $q \supset r$
∴ Si p, alors r ∴ $p \supset r$

Si elles jouent bien, elles vont remporter le match.
Si elles remportent le match, elles gagnent le championnat.
∴ Si elles jouent bien, elles gagnent le championnat.

Cette forme d'inférence tire son nom du fait qu'elle ne contient que des énoncés conditionnels; or, les énoncés conditionnels sont parfois appelés «énoncés hypothétiques».

Le dilemme constructif (DC)

p ou q $p \lor q$
Si p, alors r $p \supset r$
Si q, alors s $q \supset s$
∴ r ou s ∴ $r \lor s$

Ou bien j'étudie ou bien je sors avec les copains.
Si j'étudie, Mario va rire de moi.
Si je sors avec les copains, je vais échouer à mon examen.
∴ Ou bien Mario rit de moi ou bien j'échoue à mon examen.

L'addition (Add)

$$p \qquad\qquad p$$
$$\therefore p \text{ ou } q \qquad \therefore p \vee q$$

Cette forme de raisonnement peut paraître étrange, mais elle est valide. Si p est vrai, alors n'importe quelle disjonction dont p est un terme est aussi vraie. Rappelons-nous en effet qu'une disjonction est toujours vraie lorsque l'un de ses termes est vrai. L'addition est rarement utilisée dans le langage courant.

On peut tout de même imaginer l'exemple suivant. Vous savez que si Albert ou Alfred est allé acheter la pizza, ce sera une pizza aux anchois. Vous apprenez que c'est Albert qui est allé acheter la pizza, et concluez donc que ce sera une pizza aux anchois. Votre raisonnement est une forme de *modus ponens* :

> Si Albert ou Alfred est allé acheter la pizza, ce sera une pizza aux anchois.
> Albert est allé acheter la pizza.
> ∴ Ce sera une pizza aux anchois.

Mais comme la seconde prémisse n'est pas identique à l'antécédent du conditionnel, vous ne pouvez effectuer le *modus ponens* que si vous appliquez d'abord la règle d'addition :

> Albert est allé acheter la pizza.
> ∴ Albert ou Alfred est allé acheter la pizza.

4. Deux formes de raisonnement non valides

Les deux formes de raisonnement suivantes ne sont pas valides. Il est bon de les examiner attentivement, car elles sont souvent confondues avec *modus ponens* et *modus tollens*.

La négation de l'antécédent (NA)

Si p, alors q $\qquad p \supset q$
Non p $\qquad\qquad\quad \neg p$
∴ Non q $\qquad\qquad \therefore \neg q$

Si je suis à Ottawa, je suis au Canada.
Je ne suis pas à Ottawa.
∴ Je ne suis pas au Canada.

On voit aisément pourquoi ce raisonnement n'est pas valide : si j'étais à Toronto, les deux prémisses seraient vraies et la conclusion serait fausse.

Il est souvent tentant de tenir pour valides des raisonnements de cette forme.

Si David partage ses seringues avec d'autres drogués, il risque de contracter le sida.
David ne partage pas ses seringues avec d'autres drogués.
∴ Il ne risque pas de contracter le sida.

Le conditionnel identifie une source de transmission du virus du sida. Le fait que David évite cette source particulière n'entraîne pas qu'il évite toute autre source de transmission et qu'il n'a aucun risque de contracter le sida.

L'affirmation du conséquent (AC)

Si p, alors q $\qquad\qquad p \supset q$
q $\qquad\qquad\qquad\qquad\quad q$
∴ p $\qquad\qquad\qquad\qquad\;\; ∴ p$

Si Fantoche est un chien, alors il est un mammifère.
Fantoche est un mammifère.
∴ Il est un chien.

Si Fantoche est un chat, les deux prémisses sont vraies et la conclusion est fausse. Le raisonnement n'est donc pas valide. Malheureusement, plusieurs se laissent tenter par les raisonnements de cette forme :

Si Ariane fait de l'exercice, alors elle est en santé.
Ariane est en santé.
∴ Elle fait de l'exercice.

Si elle fait de l'exercice, Ariane est en santé, mais elle peut être en santé même si elle ne fait pas d'exercice, par exemple si elle se nourrit bien, évite les excès, etc.

Exceptions

Contrairement aux règles d'inférence, les formes non valides ont des exceptions. Autrement dit, tout raisonnement ayant une forme valide est valide, mais il y a des raisonnements ayant une forme non valide qui sont pourtant valides.

> Si la maladie est contagieuse, elle est extrêmement contagieuse.
> La maladie est extrêmement contagieuse.
> ∴ La maladie est contagieuse.

Ce raisonnement a la forme de l'affirmation du conséquent. Pourtant, il est valide. Sa validité résulte du fait que la seconde prémisse entraîne à elle seule la conclusion. Autrement dit, l'inférence suivante est valide :

> La maladie est extrêmement contagieuse.
> ∴ La maladie est contagieuse.

On peut évidemment ajouter une prémisse à cette inférence (par exemple, « Si la maladie est contagieuse, elle est extrêmement contagieuse ») sans affecter sa validité.

Il existe aussi des raisonnements ayant la forme de la négation de l'antécédent qui sont valides. Par conséquent, le fait qu'un raisonnement a la forme de l'affirmation du conséquent ou de la négation de l'antécédent n'entraîne pas automatiquement qu'il soit non valide : il faut examiner attentivement la seconde prémisse, car celle-ci garantit parfois à elle seule la vérité de la conclusion.

Exercices B

Identifiez la forme de l'inférence et déterminez si celle-ci est valide.

1. ¬A ⊃ ¬B
   ¬A
   ∴ ¬B

2. A ⊃ ¬B
   B
   ∴ ¬A

3. ¬A ⊃ B
   B
   ∴ ¬A

4. ¬(A ∧ B) ⊃ C
   ¬(A ∧ B)
   ∴ C

5. (A ∨ ¬B) ⊃ C
   ¬(A ∨ ¬B)
   ∴ ¬C

6. ¬A ⊃ (¬B ∧ C)
   ¬(¬B ∧ C)
   ∴ A

7. ¬A ∨ ¬B
   B
   ∴ ¬A

8. ¬A ⊃ B
   B ⊃ ¬C
   ∴ ¬A ⊃ ¬C

9. A ∨ ¬B
   A ⊃ ¬C
   ¬B ⊃ D
   ∴ ¬C ∨ D

10. $A \wedge (B \vee \neg C)$
 $\therefore B \vee \neg C$

11. $A \supset \neg B$
 $\neg C$
 $\therefore (A \supset \neg B) \wedge \neg C$

12. $A \vee B$
 $\therefore (A \vee B) \vee (C \wedge D)$

13. $A \supset (\neg B \wedge C)$
 $\neg B \wedge C$
 $\therefore \neg B$

14. $\neg B \supset D$
 $\neg B \vee (C \wedge E)$
 $(C \wedge E) \supset \neg A$
 $\therefore D \vee \neg A$

15. $A \supset B$
 $\neg (A \supset B) \vee (C \wedge D)$
 $\therefore C \wedge D$

Exercices C

Déterminez si les raisonnements suivants sont valides et identifiez s'il y a lieu la forme de l'inférence qui est effectuée.

1. Si Pablo est un artiste, alors il est pauvre. Comme Pablo n'est pas pauvre, il n'est pas un artiste.
2. Maude est malade. Donc Maude est malade et très fatiguée.
3. Si elle était impliquée dans l'attentat à la bombe, elle va refuser de témoigner durant le procès. On peut donc conclure qu'elle était impliquée dans l'attentat à la bombe, puisqu'elle va refuser de témoigner durant le procès.
4. La réaction se produit seulement si la température est inférieure à 10 °C. L'alarme sonne si la température est inférieure à 10 °C. Par conséquent, si la réaction se produit, l'alarme sonne.
5. Il y a des nuages dans le ciel. Donc il y a des nuages dans le ciel ou il va pleuvoir.
6. Si Brigitte court, elle court vite. Brigitte ne court pas. Par conséquent, Brigitte ne court pas vite.
7. Si Rachelle est une avocate, alors elle n'est pas membre d'un syndicat. Comme Rachelle est membre d'un syndicat, elle n'est pas avocate.
8. La valeur du dollar va chuter ou les exportations vont diminuer. Les exportations vont diminuer, car la valeur du dollar ne va pas chuter.
9. Maxime est riche s'il est un banquier. Puisque Maxime n'est pas banquier, il n'est pas riche.
10. S'il dit la vérité, il est un meurtrier. S'il ment, il est fou. Par conséquent, il est un meurtrier ou il est fou, car ou bien il dit la vérité ou bien il ment.

5. Les équivalences

Lors de la présentation des connecteurs logiques (section 1), nous avons vu que des énoncés ayant des formes différentes peuvent être équivalents. Une équivalence entre deux formes d'énoncé peut être conçue comme une règle d'inférence à « double sens ». Par exemple, l'équivalence entre « Si p, alors q » et « p seulement si q » entraîne que les deux raisonnements suivants sont valides :

Si p, alors q
∴ p seulement si q

p seulement si q
∴ Si p, alors q

Les équivalences suivantes sont à ajouter à notre répertoire de règles d'inférence.

La double négation (DN)

p = non non p $\qquad\qquad p = \neg\neg p$

Il pleut = Ce n'est pas vrai qu'il ne pleut pas.

Ainsi, les deux raisonnements suivants sont valides :

Il pleut.
∴ Ce n'est pas vrai qu'il ne pleut pas.

Ce n'est pas vrai qu'il ne pleut pas.
∴ Il pleut.

La commutation (Com)

p et $q = q$ et p $\qquad\qquad p \wedge q = q \wedge p$
Paul et Virginie vont à la campagne = Virginie et Paul vont à la campagne.

p ou $q = q$ ou p $\qquad\qquad p \vee q = q \vee p$
Le père ou la mère aura la garde de l'enfant = La mère ou le père aura la garde de l'enfant.

La contraposition (Contra)

Si p, alors q = Si non q, alors non p $\qquad p \supset q = \neg q \supset \neg p$

Si c'est de l'eau de mer, alors c'est salé = Si ce n'est pas salé, alors ce n'est pas de l'eau de mer.

La contraposition consiste non seulement à commuter les deux termes du conditionnel, mais aussi à nier chacun de ceux-ci. Une erreur commune est de tenir pour équivalents « Si p, alors q » et « Si q, alors p ». Les énoncés « Si c'est de l'eau de mer, alors c'est salé » et « Si c'est salé, alors c'est de l'eau de mer » ne sont pas équivalents : alors que le premier énoncé est vrai, on ne peut dire la même chose du second, puisqu'une eau peut être salée sans être une eau de mer.

L'implication (Imp)

p ou q = Si non p, alors q $\qquad p \vee q = \neg p \supset q$

Elle est brillante ou on l'a aidée = Si elle n'est pas brillante, alors on l'a aidée.
Elle est brillante ou on l'a aidée = Si on ne l'a pas aidée, alors elle est brillante.

Cette équivalence peut être dérivée de la façon suivante : « p ou q » affirme que p est vrai ou q est vrai ; par conséquent, si p n'est pas vrai, alors q est vrai (rappelons-nous le syllogisme disjonctif), ce qui est exactement ce que dit « Si non p, alors q ».

Exercices D

Déterminez si les inférences suivantes sont valides. Le cas échéant, identifiez l'équivalence utilisée.

1. $\neg A \supset \neg B$
    $\therefore B \supset A$

2. $A \supset \neg B$
    $\therefore \neg A \vee \neg B$

3. $\neg \neg (A \supset B)$
    $\therefore A \supset B$

4. $\neg (A \wedge B) \vee C$
    $\therefore C \vee \neg (A \wedge B)$

5. $\neg (A \vee \neg B) \supset C$
    $\therefore \neg C \supset (A \vee \neg B)$

6. $\neg A \supset (\neg B \wedge C)$
    $\therefore A \vee (\neg B \wedge C)$

7. $\neg (\neg A \wedge B)$
    $\therefore A \wedge B$

8. $A \wedge \neg B$
    $\therefore B \wedge \neg A$

Exercices E

Déterminez si les raisonnements suivants sont valides. Le cas échéant, identifier l'équivalence utilisée.

1. Ils ont gagné seulement si elle a bien joué. Par conséquent, si elle n'a pas bien joué, ils n'ont pas gagné.

2. Il est innocent ou il ne dit pas la vérité. Donc, s'il dit la vérité, il est innocent.
3. Ce n'est pas vrai que le Canada n'est pas le meilleur pays du monde. Par conséquent, le Canada est le meilleur pays du monde.
4. À moins qu'elle ne change d'attitude, elle sera congédiée. Par conséquent, elle ne sera pas congédiée seulement si elle change d'attitude.
5. Il mange avec appétit seulement si on lui sert du macaroni au fromage. Donc il mange avec appétit sauf si on ne lui sert pas du macaroni au fromage.

6. Vérité nécessaire, vérité contingente et contradiction

Considérons l'énoncé :

> Aucun triangle n'a quatre côtés.

Cet énoncé est vrai. *Pourrait*-il être faux ? En d'autres termes, existe-t-il un monde possible dans lequel il est faux ? Non : on ne peut imaginer de manière cohérente une situation dans laquelle un triangle a quatre côtés. L'énoncé est donc nécessairement vrai. Un énoncé nécessairement vrai, ou **vérité nécessaire**, est un énoncé qui est vrai dans tous les mondes logiquement possibles. Les vérités mathématiques telles que « 7 + 5 = 12 » et les vérités logiques telles que « Ou bien Elvis est mort ou bien il n'est pas mort » sont des vérités nécessaires, tout comme les énoncés vrais par définition tels que « Les célibataires sont des adultes non mariés ». Voici quelques autres exemples de vérités nécessaires :

> 67 > 28.
> S'il pleut à Québec, alors il pleut à Québec.
> Le rouge est une couleur.

Un énoncé peut bien sûr être vrai sans être *nécessairement* vrai. On dira dans ce cas qu'il s'agit d'une **vérité contingente**, c'est-à-dire un énoncé vrai dans le monde réel, mais pas vrai dans tous les mondes logiquement possibles. Voici quelques vérités contingentes :

> La Terre tourne autour du Soleil.
> Les grandes pyramides sont en Égypte.
> Les vendanges ont généralement lieu à l'automne.

Ces trois énoncés sont vrais, mais chacun est tel qu'il y a un monde possible dans lequel il est faux.

Finalement, les énoncés contradictoires, ou **contradictions**, sont des énoncés nécessairement faux, c'est-à-dire des énoncés qui sont faux dans tous les mondes possibles. Par exemple :

La Terre est ronde et elle n'est pas ronde.
2 + 2 = 5.
Orphée est une jument mais elle n'est pas un cheval.

Notons que la négation d'une vérité nécessaire est toujours une contradiction. En effet, si on nie un énoncé vrai dans tous les mondes possibles, on produit un énoncé faux dans tous les mondes possibles. Inversement, lorsqu'on nie une contradiction, on obtient toujours une vérité nécessaire. Par exemple, la négation de la contradiction « 0 = 1 » est la vérité nécessaire « 0 ≠ 1 ».

Les raisonnements contenant des vérités nécessaires ou des énoncés contradictoires ont des propriétés intéressantes. On se rappelle qu'un raisonnement est valide s'il est impossible que ses prémisses soient vraies et sa conclusion fausse. Cette définition entraîne que *tout raisonnement dont la conclusion est une vérité nécessaire est automatiquement valide*, peu importe quelles sont ses prémisses. En effet, une vérité nécessaire est un énoncé qui ne peut être faux. Par conséquent, si un raisonnement a comme conclusion une vérité nécessaire, alors il est impossible que sa conclusion soit fausse. Mais s'il est impossible que la conclusion d'un raisonnement soit fausse, alors il est impossible que ses prémisses soient vraies et sa conclusion fausse. Le raisonnement doit donc être valide.

La France est un joli pays.
∴ L'été prochain, j'irai en France ou je n'irai pas en France.

Est-il possible que la prémisse soit vraie et la conclusion fausse ? Autrement dit, existe-t-il un monde possible dans lequel la prémisse est vraie et la conclusion est fausse ? Non, puisqu'il n'existe aucun monde possible dans lequel la conclusion est fausse. Comme il n'a pas de contre-exemple, le raisonnement est valide. Notons qu'un changement de prémisse n'affecterait pas la validité du raisonnement, puisque celle-ci tient au fait que la conclusion est une vérité nécessaire. Autrement dit, le simple fait que la conclusion est vraie dans tous les mondes possibles implique qu'il n'y a pas de contre-exemple du raisonnement. Le raisonnement resterait donc valide si la prémisse était « La neige est blanche », « L'univers va imploser dans cinq minutes », ou même « 0 = 1 ». On ne devrait pas s'étonner d'un tel résultat : cela veut simplement dire qu'une vérité nécessaire est vraie peu importe ce qui est présupposé. Le raisonnement donné plus haut n'est peut-être pas satisfaisant du point de vue pratique, mais cela n'empêche pas qu'il est valide.

Le même genre de considérations entraîne qu'*un raisonnement dont l'une des prémisses est un énoncé contradictoire est toujours valide.*

L'homme nu-pieds chaussé de bottes noires est un logicien.
∴ Les logiciens sont étranges.

La prémisse de ce raisonnement est une contradiction : il est donc impossible qu'elle soit vraie. Il n'y a donc pas de monde possible dans lequel la prémisse est vraie et la conclusion fausse. Par conséquent, il n'y a pas de contre-exemple du raisonnement : celui-ci est donc valide.

On peut généraliser ce résultat : *tout raisonnement dont les prémisses sont incompatibles entre elles est valide.* Deux ou plusieurs énoncés sont **incompatibles** (ou inconsistants) s'il est impossible qu'ils soient vrais simultanément. Voici trois ensembles d'énoncés incompatibles :

Domino est un robot.
Domino n'est pas un robot.

Rien n'est mauve.
La voiture de Maya est mauve.

Camille est plus grand que Mohammed.
Mohammed est plus grand qu'Alberto.
Alberto est plus grand que Camille.

Si les prémisses d'un raisonnement sont incompatibles, alors il n'y a pas de monde possible dans lequel elles sont toutes vraies ; par conséquent, il n'y a pas de monde possible dans lequel les prémisses sont vraies et la conclusion est fausse, ce qui implique que le raisonnement est valide.

On ne devrait pas s'alarmer du fait qu'un raisonnement dont les prémisses sont incompatibles est valide. En effet, ce raisonnement ne peut être acceptable, puisqu'il est impossible que ses prémisses soient toutes vraies. La faiblesse du raisonnement ne tient pas au lien entre les prémisses et la conclusion, mais aux prémisses elles-mêmes. Autrement dit, bien qu'un tel raisonnement soit valide, il ne peut être probant.

> **RAISONNEMENTS TOUJOURS VALIDES**
> - Raisonnements dont la conclusion est une vérité nécessaire
> - Raisonnements dont une des prémisses est une contradiction
> - Raisonnements dont les prémisses sont incompatibles

Exercices F

Déterminez si les raisonnements suivants sont valides. Imaginez un contre-exemple lorsque le raisonnement est non valide.

1. Le ciel est bleu. Donc je suis né au Québec ou je ne suis pas né au Québec.
2. Tous mes amis aiment la musique. Bertrand, un de mes amis, déteste la musique. Donc je n'ai jamais été très fort en logique.
3. Si 2 + 2 = 4, alors 2 + 3 = 5. 2 + 3 = 5. Par conséquent, 2 + 2 = 4.
4. Kant est un philosophe si et seulement s'il n'est pas un philosophe. Par conséquent, Kant est un grand philosophe.
5. Le coût de la vie ne cesse d'augmenter. Donc je suis riche ou je suis pauvre.
6. Je suis très méthodique. Par conséquent, mes clés sont toujours dans ma poche, sauf lorsqu'elles ne sont pas là.
7. Ce qui arrivera arrivera. Par conséquent, tout sera parfait.

NOTIONS CLÉS

Antécédent : énoncé qui précède le symbole « ⊃ » dans un conditionnel.

Biconditionnel : énoncé de la forme « p si et seulement si q » ($p \equiv q$).

Conditionnel : énoncé de la forme « Si p, alors q » ($p \supset q$).

Conjonction : énoncé de la forme « p et q » ($p \wedge q$).

Connecteur principal (d'un énoncé) : connecteur qui s'applique à l'énoncé au complet et non pas seulement à une partie de celui-ci.

Connecteurs logiques : expressions telles que « et », « ou », « si…, alors », etc., qui servent à construire des énoncés complexes.

Conséquent : énoncé qui suit le symbole « ⊃ » dans un conditionnel.

Contradiction : énoncé faux dans tous les mondes possibles.

Disjonction : énoncé de la forme « p ou q » ($p \vee q$).

Énoncé complexe : énoncé comportant au moins un connecteur logique.

Énoncé simple : énoncé ne comportant aucun connecteur logique.

Énoncés incompatibles : énoncés qui ne peuvent être vrais simultanément.

Négation : énoncé de la forme « Ce n'est pas vrai que p » ($\neg p$).

Vérité contingente : énoncé vrai dans le monde réel, mais non dans tous les mondes logiquement possibles.

Vérité nécessaire : énoncé vrai dans tous les mondes logiquement possibles.

RAPPEL DES CONSTRUCTIONS

Règles d'inférence

Modus ponens (MP)
$p \supset q$
p
$\therefore q$

Modus tollens (MT)
$p \supset q$
$\neg q$
$\therefore \neg p$

Conjonction (Conj)
p
q
$\therefore p \wedge q$

Simplification (Simp)
$p \wedge q$
$\therefore p$

Syllogisme disjonctif (SD)
$p \vee q$
$\neg p$
$\therefore q$

Syllogisme hypothétique (SH)
$p \supset q$
$q \supset r$
$\therefore p \supset r$

Dilemme constructif (DC)
$p \vee q$
$p \supset r$
$q \supset s$
$\therefore r \vee s$

Addition (Add)
p
$\therefore p \vee q$

Formes non valides

Négation de l'antécédent (NA)
$p \supset q$
$\neg p$
$\therefore \neg q$

Affirmation du conséquent (AC)
$p \supset q$
q
$\therefore p$

Équivalences

Double négation (DN)
$p = \neg \neg p$

Commutation (Com)
$p \wedge q = q \wedge p$
$p \vee q = q \vee p$

Contraposition (Contra)
$p \supset q = \neg q \supset \neg p$

Implication (Imp)
$p \vee q = \neg p \supset q$

5

Les raisonnements hypothétiques

Dans ce chapitre, nous allons étudier deux types de raisonnements qui ont des formes un peu particulières : tous deux font appel à des prémisses qui sont avancées non pas comme des affirmations, mais comme des *hypothèses*. Ces raisonnements comportent donc une partie hypothétique. Nous verrons comment schématiser et évaluer de tels raisonnements.

1. La preuve conditionnelle

On a vu qu'un conditionnel est un énoncé de la forme « Si p, alors q », où p est l'antécédent du conditionnel et q son conséquent. Une **preuve conditionnelle** vise à démontrer la vérité d'un énoncé conditionnel. Elle consiste, dans un premier temps, à avancer un **raisonnement hypothétique**. Ce raisonnement suppose la vérité de l'antécédent du conditionnel et, sur cette base, dérive le conséquent du conditionnel. L'étape suivante de la preuve conditionnelle s'appuie sur le raisonnement hypothétique pour inférer la vérité du conditionnel : le raisonnement hypothétique nous dit que si l'antécédent du conditionnel est vrai, alors le conséquent est lui aussi vrai, ce qui revient à dire que le conditionnel lui-même est vrai. Cela peut paraître un peu déroutant et abstrait, mais un exemple va aider à comprendre.

Supposons que **1** [j'ai obtenu une note de 80 % pour mon travail final.] <u>Comme</u> **2** [ce travail compte pour 50 % de la note finale,] **3** [cela me donne une note finale de 70 %,] <u>puisque</u> **4** [j'ai obtenu une note de 60 % à l'examen de mi-session, qui lui aussi compte pour la moitié de la note finale.] <u>Par conséquent</u>, **5** [si j'ai obtenu une note de 80 % pour mon travail final, cela me donne une note finale de 70 %.]

Notons au passage l'usage de l'indicatif au lieu du subjonctif dans la supposition initiale : cette hypothèse est posée en principe, pour les besoins d'une démonstration. La conclusion finale du raisonnement, l'énoncé **5**, est un conditionnel dont l'antécédent est **1** et le conséquent est **3**. Une partie importante du raisonnement consiste à montrer que **3** est une conséquence de **1**. L'auteur du raisonnement réalise cela en faisant l'hypothèse que **1**, et en montrant que de cette hypothèse, il peut dériver **3** (étant donné les prémisses **2** et **4**). Ce raisonnement hypothétique a la structure suivante :

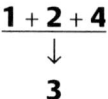

Comment doit-on ajouter l'énoncé **5** à ce schéma ? Ce serait une erreur que de mettre **5** sous **3** et de lier ces deux énoncés par une flèche, puisque l'énoncé conditionnel ne dérive pas de son conséquent. Le conditionnel dérive plutôt du raisonnement hypothétique lui-même, pris comme un tout. Nous allons représenter cela de la façon suivante :

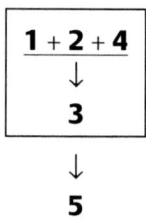

Le schéma n'est pas tout à fait terminé, car il devrait aussi refléter le fait que l'auteur du raisonnement ne soutient pas que l'énoncé **1** est vrai. Cet énoncé est en effet une **prémisse hypothétique**, c'est-à-dire une prémisse qui est avancée comme une hypothèse et non pas comme une affirmation à laquelle l'auteur souscrit. Les autres prémisses du raisonnement, à savoir **2** et **4**, ne sont pas hypothétiques, car l'auteur les admet explicitement. Par conséquent, contrairement à **2** et **4**, l'énoncé **1** n'est pas une prémisse de base du raisonnement complet. Nous allons indiquer cela dans le schéma en barrant cet énoncé :

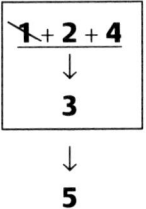

On lira ce schéma de la façon suivante : étant donné **2** et **4**, si **1**, alors **3** ; autrement dit, étant donné **2** et **4**, **5** (puisque **5** = si **1**, alors **3**) ; en d'autres termes, des prémisses **2** et **4**, on peut inférer **5**.

Comment évalue-t-on une preuve conditionnelle ? Nous ne considérerons que la question de savoir si une telle preuve est valide ou non. La première étape consiste à évaluer le raisonnement hypothétique, comme s'il s'agissait d'un raisonnement normal. Dans le cas présent, le raisonnement hypothétique est valide. Cela veut dire que si les énoncés **1**, **2** et **4** sont vrais, alors l'énoncé **3** doit être vrai. En d'autres termes, si les prémisses de base **2** et **4** sont vraies, alors, nécessairement, si **1** est vrai, **3** est lui aussi vrai. Or, puisque l'énoncé **5** est l'énoncé conditionnel « Si **1**, alors **3** », cela veut dire que si les prémisses de base **2** et **4** sont vraies, alors **5** doit être vrai. Mais cela revient à dire que la preuve conditionnelle est elle aussi valide. Ce résultat peut être généralisé : *une preuve conditionnelle est valide si le raisonnement hypothétique qu'elle contient est lui aussi valide.*

> Supposons que **1** [Thomas a décidé de passer la nuit chez ses amis à Chicoutimi.] Comme **2** [Thomas se lève toujours à 8 heures] et qu' **3** [il prend environ une heure et demie pour se préparer à partir lorsqu'il voyage en voiture,] **4** [il est parti de Chicoutimi vers 9 h 30.] **5** [Le voyage entre Chicoutimi et ici prend environ 5 heures,] et **6** [Thomas prend rarement plus de trente minutes pour manger le midi.] **7** [Il arrivera donc ici vers 15 heures.] Or, **8** [le match de soccer commence à 16 heures.] Par conséquent, **9** [si Thomas a décidé de passer la nuit à Chicoutimi, il arrivera à temps pour le match de soccer.]

Il est bon, dans un premier temps, de repérer l'énoncé conditionnel que l'auteur tente de démontrer, ainsi que son antécédent et son conséquent. Le conditionnel est l'énoncé **9** et l'antécédent est l'énoncé **1**. Le conséquent est l'énoncé « Il arrivera à temps pour le match de soccer », mais comme cet énoncé n'apparaît pas explicitement dans le raisonnement, nous devons l'ajouter :

10 : Il arrivera à temps pour le match de soccer.

Le schéma partiel de la preuve conditionnelle est donc :

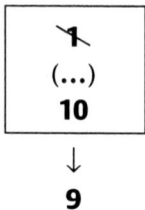

La partie comprise entre les énoncés **1** et **10** doit être complétée. On peut construire le reste du schéma comme on le faisait au chapitre 2, en s'appuyant sur les indicateurs d'inférence et en se demandant, à propos de chaque énoncé, quelles sont les prémisses qui permettent de le dériver. L'énoncé **10** est obtenu à partir des prémisses **7** et **8**. L'énoncé **8** est une prémisse de base, alors que l'énoncé **7** s'appuie sur les prémisses **4**, **5** et **6**. De ces trois énoncés, seul **4** est défendu, soit par les prémisses **1**, **2** et **3**. Cela donne le schéma suivant :

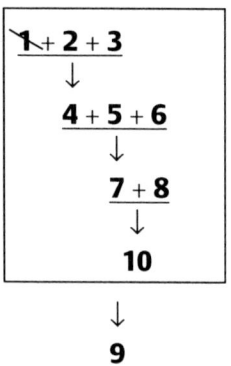

2. La preuve par l'absurde

Une **preuve par l'absurde** consiste à établir la vérité d'une affirmation en montrant que sa négation entraîne une absurdité, c'est-à-dire une contradiction. Comme un énoncé qui implique une contradiction doit être faux, cela permet de conclure que l'affirmation est vraie.

Supposons que **1** [Dieu existe.] Par définition, **2** [Dieu est bon et omnipotent.] Par conséquent, **3** [il ne peut y avoir de misère dans le monde,] car **4** [si Dieu est bon et omnipotent, il fait en sorte qu'il n'y ait pas de misère dans le monde.] Manifestement, **5** [il y a de la misère dans le monde.] Par conséquent, **6** [il y a de la misère dans le monde et il n'y a pas de misère dans le monde,] ce qui est absurde. Donc **7** [Dieu n'existe pas.]

Ce raisonnement vise à démontrer que Dieu n'existe pas (**7**), en montrant que l'hypothèse selon laquelle Dieu existe (**1**) a une conséquence absurde, à savoir qu'il y a de la misère dans le monde et qu'il n'y a pas de misère dans le monde (**6**). Le raisonnement a donc la forme suivante :

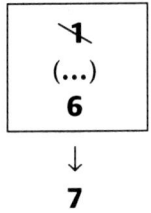

Il reste maintenant à déterminer la structure du raisonnement hypothétique, c'est-à-dire comment au juste l'auteur s'y prend pour montrer que **1** entraîne **6**. On peut encore ici avoir recours aux méthodes décrites au chapitre 2. Celles-ci permettent d'obtenir le schéma suivant pour le raisonnement hypothétique :

$$1 + 2 + 4$$
$$\downarrow$$
$$3 + 5$$
$$\downarrow$$
$$6$$

Ce raisonnement contient une prémisse hypothétique, à savoir l'énoncé **1**, que nous devrons barrer dans la version finale du schéma. La conclusion de ce raisonnement est l'énoncé **6**, qui est une contradiction de la forme :

p et non *p*

Notons que les deux prémisses invoquées pour appuyer **6** correspondent aux deux termes de **6**, qui est une conjonction. On a ici un exemple de la forme de raisonnement appelée « conjonction » (chapitre 4, section 3). Très souvent, la dernière inférence du raisonnement hypothétique d'une preuve par l'absurde a cette forme. Il est utile d'indiquer la présence d'une contradiction dans un schéma à l'aide de la lettre « C », que nous placerons à la droite de celle-ci. Ce signe nous permet aussi de constater rapidement qu'il s'agit d'une preuve par l'absurde et non d'une preuve conditionnelle. Comme dans le cas de la preuve conditionnelle, nous allons encadrer le raisonnement hypothétique, ce qui nous donne :

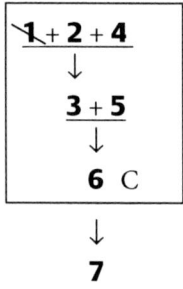

Le recours à la preuve par l'absurde est très courant en mathématiques.

1 [Il n'y a pas de nombre qui soit plus grand que tout autre.] Supposons qu'**2** [il existe un tel nombre, que nous appellerons n.] Puisqu'**3** [en ajoutant 1 à un nombre, on obtient toujours un nombre plus grand,] **4** [$n + 1$ est plus grand que n.] Cela implique que **5** [n n'est pas le plus grand nombre.] Par conséquent, **6** [n est le plus grand nombre et n n'est pas le plus grand nombre,] ce qui est absurde.

Ce raisonnement prouve qu'il n'y a pas de nombre plus grand que tout autre, puisque l'hypothèse contraire entraîne une absurdité, comme le démontre le raisonnement hypothétique. Le schéma du raisonnement hypothétique est le suivant :

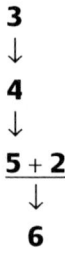

Le raisonnement complet peut être représenté comme suit

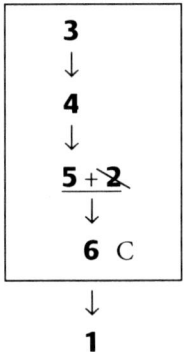

Tout comme une preuve conditionnelle, une preuve par l'absurde est valide si le raisonnement hypothétique qu'elle contient est valide. Comme chacune de ses inférences est valide, le raisonnement hypothétique de l'exemple précédent est valide. La preuve par l'absurde est donc elle aussi valide.

On peut s'étonner que le raisonnement hypothétique d'une preuve par l'absurde puisse être valide, car la conclusion d'un tel raisonnement est une contradiction. La définition de la notion de validité permet cependant qu'un raisonnement dont la conclusion ne peut être vraie soit tout de même valide : comme un raisonnement est valide s'il est impossible que ses prémisses soient vraies et sa conclusion fausse, un raisonnement dont la conclusion est une contradiction est valide s'il est impossible que ses prémisses soient toutes vraies, autrement dit si celles-ci sont incompatibles. Ainsi, dans l'exemple que l'on vient de discuter, la validité du raisonnement hypothétique entraîne que l'une de ses prémisses doit être fausse. Cela veut dire que si la prémisse **3** est vraie, l'énoncé **2** doit être faux. En d'autres termes, si **3** est vraie, l'énoncé **1** (la négation de **2**) doit être vrai, ce qui revient à dire que la preuve par l'absurde est valide. On voit donc pourquoi une preuve par l'absurde doit être valide si le raisonnement hypothétique qu'elle contient est valide.

Exercices

Chacun des passages suivants contient une preuve conditionnelle ou une preuve par l'absurde. Soulignez les indicateurs d'inférence, placez chacune des affirmations entre crochets, numérotez-les et construisez le schéma en arbre du raisonnement.

Ajoutez, s'il y a lieu, la prémisse hypothétique, la conclusion du raisonnement hypothétique ou la conclusion finale.

1. Supposons qu'il est midi à Montréal. Comme on doit ajouter six heures à l'heure de Montréal pour obtenir l'heure de Paris, il est six heures à Paris. Par conséquent, s'il est midi à Montréal, il est six heures à Paris.
2. Supposons qu'il n'y a pas de vérité absolue. S'il est vrai qu'il n'y a pas de vérité absolue, l'énoncé « Il n'y a pas de vérité absolue » est une vérité absolue. Il y a donc une vérité absolue. Par conséquent, il y a une vérité absolue et il n'y a pas de vérité absolue, ce qui est absurde. Il doit donc y avoir une vérité absolue.
3. Supposons que je gagne un million de dollars à la loto. Je m'achète immédiatement une maison à la campagne, un loft à New York et un appartement à Paris. Une maison à la campagne me coûtera 300 000 dollars. Un loft à New York vaut environ 700 000 dollars. Un appartement à Paris devrait aller chercher autour de 500 000 dollars. Le tout me coûtera donc 1,5 million de dollars. Par conséquent, si je gagne un million de dollars, j'aurai une dette d'un demi-million de dollars.
4. Le pape est célibataire. Supposons qu'il n'est pas, en fait, célibataire. Comme il est un adulte, cela implique qu'il est marié. Or, le pape n'est pas marié. Le pape est donc marié et non marié, ce qui est ridicule.
5. Supposons que l'univers a une limite. Il y a donc quelque chose à l'extérieur de l'univers, car une limite est ce qui sépare l'intérieur de l'extérieur. Mais comme l'univers inclut tout ce qui existe, il n'y a rien à l'extérieur de l'univers. On doit donc conclure que l'univers n'a pas de limite.
6. Supposons que nous allons au concert de Mediocrum. Ce concert a lieu au bar Les callipyges électroniques. Puisque les spectacles à cet endroit commencent toujours à 21 heures, le concert de Mediocrum commencera à 21 heures. Comme il est déjà 21 heures, nous ne pourrons être là avant 21 h 30. Nous arriverons donc en retard.

7. L'énoncé « Cet énoncé est faux » n'est pas vrai. Supposons qu'il est vrai. L'énoncé est donc faux et, par conséquent, ne peut être vrai. Cela implique que l'énoncé est vrai et n'est pas vrai, ce qui est absurde.
8. L'énoncé « Cet énoncé est faux » n'est pas faux. Supposons qu'il est faux. L'énoncé n'est donc pas vrai. Par conséquent, il n'est pas faux. Cela implique que l'énoncé est faux et n'est pas faux, ce qui est absurde.

6

Les raisonnements catégoriques

Un **énoncé catégorique** établit un lien entre différentes classes ou catégories d'individus. Le logicien anglais John Venn (1824-1923) a inventé une méthode ingénieuse et encore utilisée aujourd'hui pour représenter ces énoncés et évaluer les raisonnements qui en comportent. Dans ce chapitre, nous allons étudier cette méthode, qui consiste à construire ce qu'on appelle un diagramme de Venn.

1. Les énoncés universels

L'énoncé « Tous les étudiants sont des mammifères » est un énoncé catégorique, car il affirme l'existence d'un lien entre la catégorie des étudiants et celle des mammifères. Voici d'autres exemples d'énoncés catégoriques :

Aucun étudiant n'est un marsupial.
Certains étudiants sont omnivores.
Certains étudiants ne sont pas végétariens.

Les énoncés catégoriques sont de deux types : énoncés universels et énoncés existentiels. Un **énoncé universel** est un énoncé catégorique portant sur la *totalité* des individus d'une classe :

Tous les ornithorynques sont des monotrèmes.
Aucun éléphant ne peut voler.
Seules les fleurs ont des pétales.

Voyons maintenant comment représenter les énoncés universels à l'aide de diagrammes de Venn. Considérons encore l'énoncé « Tous les étudiants sont des mammifères ». Pour représenter le lien entre la catégorie des étudiants et celle des mammifères, nous devons dans un premier temps tracer deux cercles qui se chevauchent :

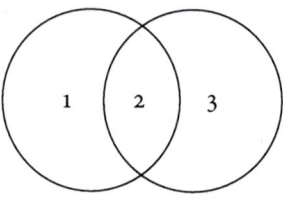

Étudiants   Mammifères

Ce diagramme a trois régions, 1, 2 et 3. La région 1 inclut tous les étudiants qui ne sont pas des mammifères ; la région 2, qui correspond à l'intersection des deux catégories, contient les étudiants qui sont aussi des mammifères ; finalement, la section 3 comprend les mammifères qui ne sont pas des étudiants.

Comment représenter l'énoncé « Tous les étudiants sont des mammifères » à l'aide d'un tel diagramme ? Cet énoncé nous dit que la région 1 est vide, puisqu'une telle région contiendrait des étudiants qui ne sont pas des mammifères. Pour indiquer qu'une région est vide, nous allons la colorer :

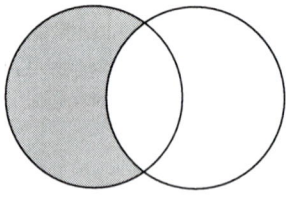

Étudiants   Mammifères

La région 3 ne doit pas être colorée, car l'énoncé permet qu'il y ait des mammifères qui ne soient pas des étudiants.

Considérons maintenant l'énoncé universel « Aucun éléphant ne peut voler ». Cet énoncé affirme que l'intersection entre la catégorie des éléphants et celle des êtres pouvant voler est vide :

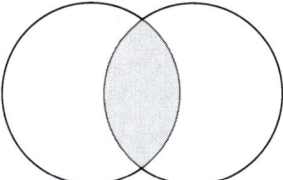

Éléphants   Êtres pouvant voler

L'énoncé « Seuls les dandys sont blasés » doit être représenté comme suit :

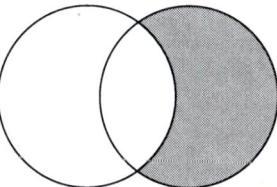

Dandys   Individus blasés

En effet, si seuls les dandys sont blasés, alors il n'y a pas de personnes blasées qui ne sont pas des dandys.

Signalons finalement qu'en langage courant, on produit parfois des énoncés universels sans avoir recours à des mots comme « tout », « aucun », etc.

Un triangle a trois angles.
Les baleines ne sont pas des poissons.

Le premier énoncé affirme que *tous* les triangles ont trois angles, et le second signifie qu'*aucune* baleine n'est un poisson.

Exercices A

Représentez les énoncés suivants à l'aide de diagrammes de Venn.
1. Tous les serpents sont des reptiles.
2. Les êtres humains sont tous mortels.
3. Aucun célibataire n'est marié.
4. Les guerres sont dévastatrices.
5. Il n'est pas vrai que certains éléphants peuvent voler.
6. Seuls les étudiants sont admis.
7. Pas un directeur n'est honnête.
8. Un billet n'est valide que s'il a été composté.
9. Une personne qui ne prie pas n'est pas pieuse.
10. Il n'y a pas de joueurs qui n'excellent pas.

2. Les énoncés existentiels

Le second type d'énoncé catégorique est l'**énoncé existentiel**. Sa particularité est qu'il porte sur *un ou plusieurs* individus d'une classe, mais pas sur la totalité d'entre eux. Par exemple, l'énoncé existentiel « Certains étudiants sont omnivores » affirme qu'il y a au moins un individu qui appartient à la catégorie des étudiants qui est omnivore. Nous allons représenter les énoncés existentiels en plaçant un « x » dans la région appropriée du diagramme de Venn : ce symbole indique qu'il y a *au moins* un individu dans la région en question.

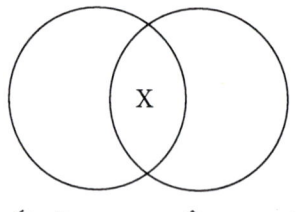

Étudiants   Êtres omnivores

Considérons maintenant l'énoncé « Certains policiers n'aiment pas les beignes ». Cet énoncé affirme qu'il y a au moins un individu qui appartient à la catégorie des policiers qui n'aiment pas les beignes :

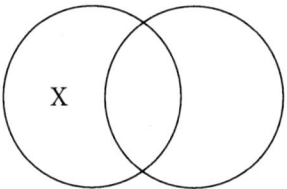

Policiers   Personnes aimant les beignes

Un énoncé existentiel peut contenir des mots comme « tout » et « aucun ».

Tout ce qui brille n'est pas or.
Il n'est pas vrai qu'aucun mammifère ne peut voler.

Le premier énoncé signifie que certaines des choses qui brillent ne sont pas de l'or, alors que le second affirme que certains mammifères peuvent voler.

Il est intéressant de noter que le diagramme qui représente « Tous les étudiants sont des mammifères » n'indique pas l'existence d'un étudiant mammifère.

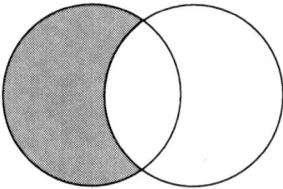

Étudiants   Mammifères

Cela peut paraître incorrect, puisque de prime abord, il semble que le fait que tous les étudiants sont des mammifères implique qu'il y a des étudiants qui sont des mammifères. Mais nous disons aussi « Toutes les licornes ont une corne » et « Les fées ont toutes des pouvoirs surnaturels », sans nécessairement soutenir qu'il existe des licornes ou des fées, ce qui suggère que notre représentation des énoncés universels est, après tout, adéquate. L'usage ordinaire est probablement flottant à ce sujet. Nous choisirons de suivre la pratique courante des diagrammes de Venn et de nous en tenir à la représentation proposée à la section précédente.

Exercices B

Représentez les énoncés suivants à l'aide de diagrammes de Venn.
1. Certains artistes sont talentueux.
2. Il y a des oiseaux qui ne peuvent pas voler.
3. Tous les historiens ne sont pas savants.
4. Il n'y a pas que les mathématiciens qui savent compter.
5. Certaines personnes qui ne sont pas sympathiques sont charismatiques.
6. Certaines personnes qui sont sympathiques ne sont pas charismatiques.
7. Il n'est pas vrai qu'aucun criminel n'aime les friandises.

3. Les raisonnements catégoriques

Un **raisonnement catégorique** est un raisonnement composé d'énoncés catégoriques, qu'ils soient universels ou existentiels. La construction d'un diagramme de Venn permet d'en évaluer la validité. Considérons d'abord un raisonnement catégorique n'ayant qu'une seule prémisse :

Aucun athée n'est un bigot.
∴ Aucun bigot n'est un athée.

Pour évaluer ce raisonnement, nous devons construire le diagramme de Venn représentant la prémisse et déterminer si, selon ce diagramme, la vérité de la conclusion est *garantie* :

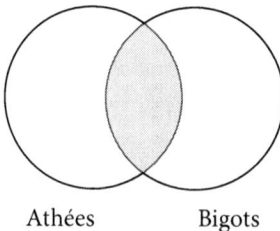

Athées   Bigots

Ce diagramme indique qu'il n'y a pas de personnes qui sont à la fois des athées et des bigots ; autrement dit, qu'aucun bigot n'est un athée. La conclusion doit donc être vraie selon le diagramme, ce qui implique que le raisonnement est valide.

Tous les cyclopes sont grincheux.
∴ Tous les êtres grincheux sont des cyclopes.

Le diagramme de Venn de la prémisse est :

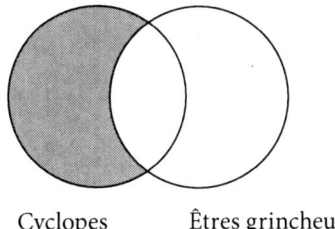

Cyclopes Êtres grincheux

Comme ce diagramme ne garantit pas que tous les êtres grincheux sont des cyclopes, le raisonnement n'est pas valide.

Examinons maintenant un raisonnement impliquant des énoncés existentiels :

Certains romans sont des chefs-d'œuvre.
∴ Certains chefs-d'œuvre sont des romans.

Le diagramme de Venn suivant représente la prémisse :

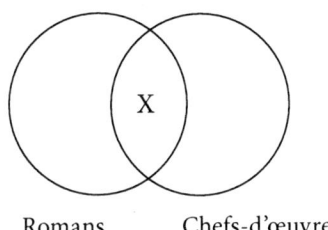

Romans Chefs-d'œuvre

Le diagramme indique que certains chefs-d'œuvre sont des romans, ce qui implique que le raisonnement est valide.

Les **syllogismes catégoriques**, c'est-à-dire les raisonnements catégoriques comportant deux prémisses, sont plus difficiles à évaluer, et la méthode des diagrammes de Venn peut s'avérer très utile.

Tous les ornithorynques sont des monotrèmes.
Tous les monotrèmes sont des ovipares.
∴ Tous les ornithorynques sont des ovipares.

Puisque le raisonnement implique trois catégories, nous devons construire un diagramme de Venn comportant trois cercles :

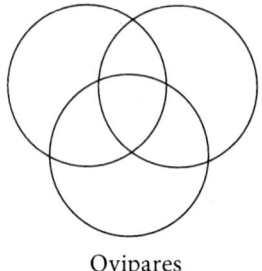

La première prémisse doit être représentée comme suit :

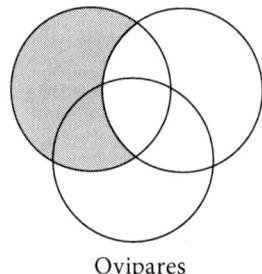

Le même diagramme peut servir à représenter la seconde prémisse :

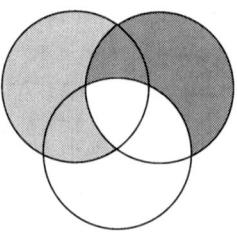

Ce diagramme indique que tous les ornithorynques doivent se trouver dans la région du centre, et donc être ovipares. Par conséquent, la conclusion doit être vraie selon le diagramme, ce qui veut dire que le raisonnement est valide.

Autre cas :

Tous les ordinateurs sont des machines.
Certaines machines sont défectueuses.
∴ Certains ordinateurs sont défectueux.

Selon la première prémisse :

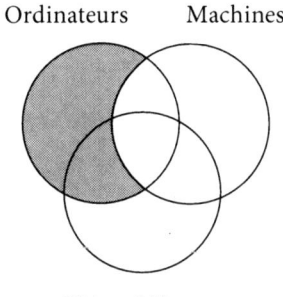

Comment représenter la seconde prémisse ? Il semble que nous ayons deux options, puisque celle-ci ne nous dit pas si les machines défectueuses sont des ordinateurs ou non. Pour refléter cette indétermination, nous allons représenter la seconde prémisse de la façon suivante :

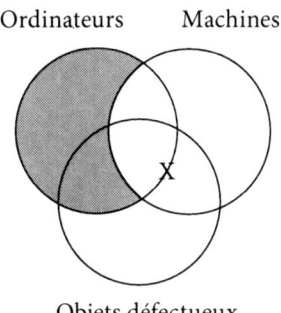

Est-ce que la vérité de la conclusion est garantie par ce diagramme ? Non. On peut le constater en représentant les deux possibilités qui sont permises par celui-ci :

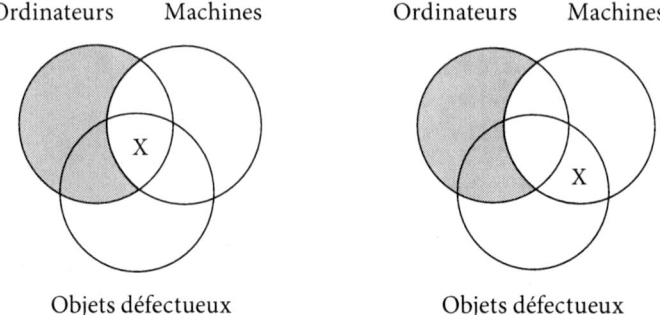

Bref, il est possible qu'il y ait des ordinateurs défectueux, mais il est aussi possible qu'il n'y en ait pas : le raisonnement n'est donc pas valide.

Examinons maintenant un syllogisme catégorique légèrement différent :

Tous les ordinateurs sont des machines.
Certains ordinateurs sont défectueux.
∴ Certaines machines sont défectueuses.

La première prémisse est la même que celle du syllogisme précédent :

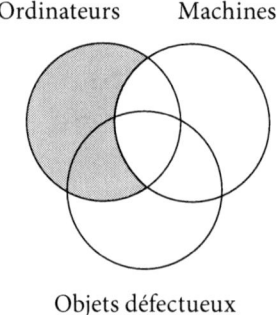

Mais dans ce cas-ci, il n'y a pas d'indétermination liée à la seconde prémisse :

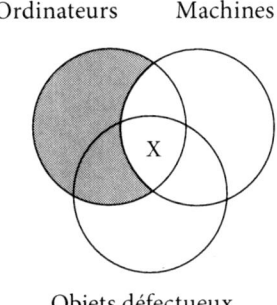

Le raisonnement est donc valide, puisque le diagramme indique qu'il y a au moins une machine défectueuse.

Si nous avions d'abord représenté la seconde prémisse, il aurait fallu placer le « x » sur la ligne au milieu de la région comprenant les ordinateurs défectueux. La représentation de la première prémisse nous aurait ensuite forcés à déplacer ce « x » au centre du diagramme, puisque cette prémisse affirme qu'il ne peut y avoir d'ordinateurs qui ne sont pas des machines. Le résultat final aurait donc été le même. Mais de façon générale, lorsqu'un syllogisme catégorique comporte une prémisse universelle et une prémisse existentielle, il est préférable de représenter d'abord la prémisse universelle, pour éviter d'avoir à modifier la position du « x » en cours de route.

Certains alcooliques sont des chauffards.
Certains chauffards sont des diplomates.
∴ Certains alcooliques sont des diplomates.

Ici, selon la première prémisse :

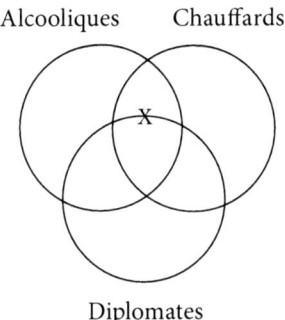

La seconde prémisse est elle aussi partiellement indéterminée :

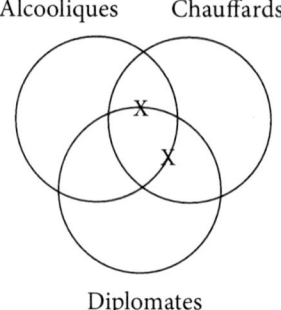

La vérité de la conclusion n'est pas garantie par ce diagramme, car celui-ci permet les quatre possibilités suivantes :

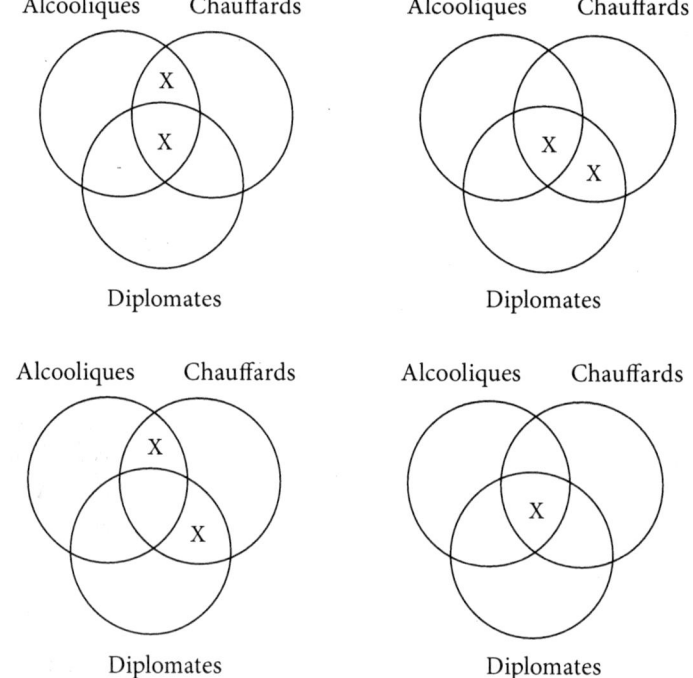

Puisque le troisième diagramme n'indique pas qu'il y a des diplomates alcooliques, le raisonnement n'est pas valide.

Exercices C

En utilisant la méthode des diagrammes de Venn, déterminez si les raisonnements suivants sont valides.

1. Tous les vampires sont sanguinaires.
   Donc tous les êtres sanguinaires sont des vampires.
2. Aucun vampire n'aime l'ail.
   Donc aucun être qui aime l'ail n'est un vampire.
3. Certains politiciens sont des musiciens.
   Donc certains musiciens sont des politiciens.
4. Certains motards ne sont pas des truands
   Donc certains truands ne sont pas des motards.
5. Tous les monstres sont féroces.
   Donc seuls les monstres sont féroces.
6. Tous les ogres sont des monstres.
   Tous les monstres sont grognons.
   Donc tous les ogres sont grognons.
7. Certains écrivains sont des génies.
   Certains génies sont arrogants.
   Donc certaines écrivains sont arrogants.
8. Aucun étudiant n'est un cancre.
   Aucun cancre n'étudie la logique.
   Donc aucun étudiant n'étudie la logique.
9. Tous les chérubins sont des anges.
   Aucun ange n'est hargneux.
   Donc aucun chérubin n'est hargneux.
10. Certains logiciens sont des philosophes.
    Certains logiciens sont hypocondriaques.
    Donc certains philosophes sont hypocondriaques.
11. Tous les pantins sont frivoles.
    Aucun tyran n'est frivole.
    Donc aucun pantin n'est un tyran.
12. Aucun lutteur n'est mélancolique.
    Aucun humoriste n'est mélancolique.
    Donc aucun lutteur n'est un humoriste.
13. Tous les étudiants sont des mammifères.
    Certains étudiants sont féroces.
    Donc certains mammifères sont féroces.

14. Tous les crocodiles sont des reptiles.
    Certains reptiles sont dangereux.
    Donc certains crocodiles sont dangereux.
15. Tous les poètes sont profonds.
    Tous les philosophes sont profonds.
    Donc tous les poètes sont des philosophes.
16. Tous les poètes sont profonds.
    Seuls les philosophes sont profonds.
    Donc tous les poètes sont des philosophes.
17. Tous les chérubins sont dodus.
    Certains gangsters sont dodus.
    Donc certains chérubins sont des gangsters.
18. Aucun marathonien n'est fainéant.
    Certains athlètes sont des marathoniens.
    Donc certains athlètes ne sont pas fainéants.
19. Aucun mécréant n'est ingénu.
    Certains aventuriers ne sont pas ingénus.
    Donc certains aventuriers sont des mécréants.
20. Aucun zombi n'est exubérant.
    Certains toxicomanes sont exubérants.
    Donc aucun zombi n'est un toxicomane.

NOTIONS CLÉS

Énoncé catégorique : énoncé qui établit un lien entre différentes classes ou catégories d'individus.

Énoncé existentiel : énoncé catégorique portant sur un ou plusieurs individus d'une classe.

Énoncé universel : énoncé catégorique portant sur la totalité des individus d'une classe.

Raisonnement catégorique : raisonnement composé d'énoncés catégoriques.

7

Les raisonnements inductifs

Une induction est un raisonnement dont les prémisses sont destinées à rendre probable la conclusion. Les inductions sont plus difficiles à évaluer que les déductions, car elles ne sont pas aussi précises. Dans ce chapitre, nous allons présenter les formes les plus courantes de raisonnements inductifs et identifier le genre d'hypothèses sur lesquelles elles reposent.

1. Le syllogisme statistique

Un syllogisme, on se le rappelle, est un raisonnement comportant deux prémisses et une conclusion. Nous avons rencontré plusieurs exemples de syllogismes statistiques au chapitre 3.

> Quatre-vingts pour cent des lutins ont le nez retroussé.
> Socrate est un lutin.
> ∴ Socrate a le nez retroussé.

Le **syllogisme statistique** a la forme suivante:

n pour cent des F sont G
A est F
∴ A est G

Cette forme d'induction est adéquate pourvu que n soit entre 50 et 100.

Il existe aussi une forme « négative » du syllogisme statistique :

n pour cent des F sont G
A est F
∴ A n'est pas G

Une telle induction est adéquate si n est entre 0 et 50.

Notons que les syllogismes statistiques sont souvent exprimés en termes moins précis :

La plupart des princesses portent un tatouage.
Léa est une princesse.
∴ Léa porte un tatouage.

Ce raisonnement inductif est adéquat et, comme on l'a vu au chapitre 3, il demeurerait tel si on avait utilisé à la place de « la plupart des » une expression comme « une majorité des » ou « plus de la moitié des » (mais pas « plusieurs » ou « beaucoup de » !).

Mentionnons enfin qu'un syllogisme statistique peut aussi prendre la forme suivante :

Gourdon, Melon, Pépon et Potiron sont les quatre ogres de la forêt des Cucurbitacées.
Trois des quatre ogres de la forêt des Cucurbitacées se font épiler les jambes.
∴ Potiron se fait épiler les jambes.

Cette induction est adéquate, puisque la probabilité que Potiron se fasse épiler les jambes est de 75 %.

Exercices A

Déterminez si les syllogismes statistiques suivants sont adéquats.

1. La plupart des criminels sont toxicomanes. Bonneau est un toxicomane. Il est donc un criminel.
2. Cinquante pour cent des députés ont voté pour le projet de loi. Comme Blanchard est une députée, elle a voté pour le projet de loi.
3. Leduc, Lecomte et Leroy sont mes trois assistants. Deux de mes assistants sont malades. Leduc est donc malade.

4. Environ 20 % des étudiants ont obtenu un A à l'examen. Cédrik est un étudiant. Par conséquent, Cédrik n'a pas obtenu un A à l'examen.
5. Quatre-vingts pour cent des lutteurs professionnels ne savent pas nager. Cicéron n'est pas un lutteur professionnel. Par conséquent, Cicéron sait nager.
6. Une minorité de farfadets sont mélancoliques. Comme Fabien est un farfadet, il n'est donc pas mélancolique.
7. Un très grand nombre d'accidents de voiture sont causés par des automobilistes en état d'ébriété. Un accident de voiture vient de se produire au coin de la rue. Cet accident a donc été causé par un automobiliste en état d'ébriété.

2. L'exigence des données complètes

La force d'un raisonnement inductif peut être affectée par l'ajout de prémisses.

Quatre-vingt-dix pour cent des étudiants mâchent du tabac.
Danilo est un étudiant.
∴ Danilo mâche du tabac.

Cette induction est adéquate. Supposons toutefois que seulement 10 % des étudiants qui sont membres du club de philatélie mâchent du tabac, et que Danilo soit membre de ce club. Si l'on ajoute ces deux prémisses au raisonnement précédent, on obtient :

Quatre-vingt-dix pour cent des étudiants mâchent du tabac.
Danilo est un étudiant.
Dix pour cent des étudiants qui sont membres du club de philatélie mâchent du tabac.
Danilo est membre du club de philatélie.
∴ Danilo mâche du tabac.

Comme la probabilité que Danilo mâche du tabac est, non plus de 90 %, mais de 10 %, l'induction est inadéquate. On voit comment l'ajout de prémisses est susceptible d'affecter la probabilité de la conclusion et, par conséquent, la force d'une induction. Il est donc crucial, lorsqu'on propose un raisonnement inductif, d'inclure toute information connue qui est susceptible d'affecter la probabilité de la conclusion. Autrement dit, un raisonnement inductif doit être conforme à l'**exigence des données**

complètes: ses prémisses doivent rapporter toutes les données pertinentes connues.

Il importe de bien comprendre ce qu'on entend par données *pertinentes* et *connues*. Une donnée est pertinente si elle est susceptible d'affecter la probabilité de la conclusion. Dans le raisonnement présenté plus haut, le fait que Danilo est étudiant et le fait qu'il est membre du club de philatélie sont pertinents, alors que le fait que Danilo est droitier ne l'est pas (sauf bien sûr si on découvrait un lien statistique entre ce fait et le fait de mâcher du tabac). Il ne serait pas réaliste d'exiger que l'auteur d'un raisonnement inductif inclue *toutes* les données pertinentes, qu'elles soient connues ou non. Le mieux qu'il puisse faire est d'inclure toutes les données qui, à sa connaissance, sont susceptibles d'affecter la probabilité de la conclusion. L'exigence des données complètes recommande donc de ne pas supprimer d'informations qui, à notre connaissance, sont pertinentes, lorsque nous avançons un raisonnement inductif.

Exercices B

Imaginez des données additionnelles qui pourraient rendre inadéquats les raisonnements inductifs suivants.

1. La plupart des oiseaux peuvent voler. Comme cet animal est un oiseau, il peut voler.
2. Quatre-vingts pour cent des membres de l'équipage portent du maquillage. Dominique est un membre de l'équipage. Par conséquent, Dominique porte du maquillage.
3. Une majorité d'étudiants ont acheté le dernier album du groupe Kleenex. Comme Yannick est un étudiant, il a acheté le dernier album du groupe Kleenex.
4. La plupart du temps, lorsque je commence à manger des chips, j'ai envie d'en manger encore plus. Les chips que je vais manger dans un instant vont me donner l'envie de manger d'autres chips.

3. La généralisation statistique

Le syllogisme statistique s'appuie sur une prémisse portant sur une classe d'individus pour tirer une conclusion à propos d'un membre quelconque de cette classe. On peut se demander comment, inversement, sont dérivées les affirmations à propos de populations entières d'individus. Lorsque la population n'est pas trop grande, il est parfois possible d'examiner chacun de ses membres et de déterminer dans quelle proportion ceux-ci ont telle ou telle propriété. Malheureusement, il nous est souvent impossible de faire une telle opération ; nous devons alors nous contenter d'examiner un certain échantillon et de généraliser les résultats obtenus à la population entière. Mais une telle généralisation est risquée.

> Huit des dix grenouilles que nous avons observées avaient trois pattes postérieures.
> ∴ Quatre-vingts pour cent des grenouilles ont trois pattes postérieures.

Cette induction a deux défauts importants. Tout d'abord, l'échantillon sur lequel elle s'appuie est trop petit. En effet, comme il pourrait y avoir plusieurs millions de grenouilles sur terre, il est imprudent de tirer une conclusion générale de ce type à partir de l'observation de seulement 10 grenouilles. Le second défaut est qu'on ne donne aucune information sur l'échantillon de grenouilles observé. Proviennent-elles du même écosystème ? Ont-elles le même âge ? Appartiennent-elles à la même espèce ? Autrement dit, nous n'avons aucune assurance que l'échantillon n'est pas biaisé.

Une généralisation adéquate devrait donc être fondée sur un échantillon qui soit, en toute vraisemblance, représentatif de la population complète. Un échantillon qui satisfait aux critères suivants a de bonnes chances d'être représentatif :

(1) L'échantillon doit être *aléatoire*. Autrement dit, il faut que chaque membre de la population ait une chance égale de faire partie de l'échantillon.
(2) L'échantillon doit être *suffisamment grand*. Il est difficile de dire précisément combien d'individus un échantillon doit contenir pour que la généralisation soit adéquate, mais il va de soi que si la taille de l'échantillon augmente, la probabilité qu'il soit représentatif de la population augmente aussi.

Nous sommes maintenant en mesure de donner la forme de la **généralisation statistique** :

> n pour cent des m membres d'un échantillon aléatoire de F sont G.
> ∴ Environ n pour cent des F sont G.

Cette induction est adéquate si m est suffisamment grand. La conclusion comporte le terme « environ », qui nous permet d'admettre une certaine marge d'erreur dans notre généralisation. Pour remplacer les termes « suffisamment » et « environ » par des termes désignant des valeurs plus précises, il nous faudrait avoir recours à des méthodes statistiques qui déborderaient le cadre du présent ouvrage. Notons tout de même que ces valeurs dépendent du degré de confiance ou de probabilité désiré pour la conclusion. Par exemple, pour un degré de confiance recherché de 95 % et une marge d'erreur de 3 %, un échantillon de 1000 individus est acceptable. Nous avons donc :

n pour cent des 1000 membres d'un échantillon aléatoire de F sont G.
∴ n pour cent ± 3 % des F sont G.   Confiance : 95 %.

Le terme « confiance » indique ici la probabilité que la conclusion soit vraie. Il est bon de noter que ces nombres demeurent les mêmes peu importe la taille de la population, pourvu que celle-ci soit très grande. Autrement dit, nous aurons la même marge d'erreur et le même degré de confiance avec un échantillon de 1000 personnes, que le sondage soit fait au Canada, aux États-Unis ou en Chine. Nous n'essaierons pas d'expliquer ici ce résultat quelque peu étonnant. Notons enfin que le fait que n soit plus petit ou plus grand que 50 n'affecte pas la force du raisonnement. (En fait, si on y regarde de près, la probabilité de la conclusion varie légèrement selon la grandeur de n, mais cette variation est marginale et nous n'allons pas en tenir compte ici.)

Voici une généralisation statistique que les statisticiens tiendraient pour adéquate :

Cinquante-trois pour cent d'un groupe de 1000 Canadiens sélectionnés de manière aléatoire disent qu'ils ont déjà commis un vol à l'étalage.
∴ Entre 50 % et 56 % des Canadiens diraient qu'ils ont commis un vol à l'étalage.
Confiance : 95 %.

La conclusion ne dit pas qu'entre 50 et 56 % des Canadiens *ont* déjà commis un vol à l'étalage, mais plutôt qu'entre 50 et 56 % des Canadiens *diraient* qu'ils ont déjà commis un vol à l'étalage. Pour des raisons évidentes, il est possible que les personnes dont on a sondé l'opinion n'aient pas toutes été sincères à propos des vols à l'étalage qu'elles auraient commis. La disparité entre ce que les personnes interrogées disent et la réalité peut avoir d'autres sources : certaines personnes peuvent avoir mal compris la question, d'autres ont peut-être oublié certains faits gênants, etc. Il est donc plus prudent de conclure de la façon dont nous l'avons fait.

Exercices C

Aucune des généralisations statistiques suivantes n'est adéquate. Expliquez pourquoi.

1. J'ai contacté au hasard 10 personnes qui habitent à Trois-Rivières, et 7 m'ont dit qu'elles jouent au tennis. Donc, 70 % des gens qui habitent à Trois-Rivières me diraient qu'ils jouent au tennis.
2. J'ai interrogé 1000 personnes dans mon quartier, et 20 % ont dit être d'accord avec la peine de mort. Par conséquent, environ 20 % des gens au pays diraient être d'accord avec la peine de mort.
3. Environ 80 % des Canadiens sont plus intelligents que la moyenne. En effet, dans le cadre d'un récent sondage au cours duquel 1000 Canadiens sélectionnées de manière aléatoire ont été interrogés, 80 % de ceux-ci ont déclaré qu'ils se considéraient plus intelligents que la moyenne.
4. Quatre-vingt-dix pour cent des 5000 lecteurs de *L'entreprise libre* ont répondu « oui » à la question « Êtes-vous d'accord avec la mondialisation de l'économie ? ». Environ 90 % des gens qui savent lire se diraient d'accord avec la mondialisation de l'économie.

4. Le problème de l'induction

Considérons l'induction suivante :

D'aussi loin que je m'en souvienne, le soleil s'est levé tous les jours.
∴ Demain, le soleil va se lever.

Ce raisonnement n'est pas valide. On peut aisément imaginer un contre-exemple : le soleil explose durant la nuit. Mais il est tentant de penser que la conclusion est au moins *probable*, étant donné la prémisse. L'est-elle vraiment ? Y a-t-il quelque chose dans la prémisse qui implique que la conclusion est probable ? Un examen attentif nous force à conclure qu'après tout, cette prémisse n'entraîne pas logiquement que la conclusion soit probable à plus de 50 %. Autrement dit, nous ne pouvons affirmer, à partir de cette seule prémisse, que la probabilité que le soleil se lève demain est plus élevée que la probabilité qu'il ne se lève pas.

La difficulté ne réside pas dans le nombre limité d'observations qui ont été faites. En effet, le problème est le même si nous remplaçons « d'aussi loin que je m'en souvienne » par « depuis des millions d'années » dans la prémisse. Cette situation est fâcheuse, puisqu'en science comme dans la vie de tous les jours, nous avons souvent recours à des raisonnements de ce genre. Les scientifiques croient par exemple que les lois de la nature en vigueur aujourd'hui le seront toujours dans cent ans et même dans des millions d'années. Pour prendre des exemples plus banals, nous nous attendons à ce qu'un morceau de sucre se dissolve dans l'eau, à ce que la neige qu'on s'apprête à toucher soit froide, à ce qu'un objet qu'on laisse tomber se dirige vers le sol, à ce que les gens qui nous entourent meurent un jour, etc. Nous tenons tous ces prédictions pour au moins probables, mais il semble que les raisonnements qui mènent à celles-ci ne soient pas adéquats. La difficulté est que les prémisses sur lesquelles nous nous appuyons portent sur des événements du passé, alors que les conclusions concernent le futur. Or, il ne semble pas possible de prouver que le futur ressemblera, ne serait-ce qu'en gros, au passé. Cela veut-il dire que nous ne raisonnons pas de manière logique et que nous devrions plutôt nous abstenir de dire quoi que ce soit à propos du futur ?

On attribue généralement ce problème, le **problème de l'induction**, au philosophe écossais David Hume (1711-1776). Une réponse assez courante à ce problème consiste à poser l'existence d'un principe selon lequel la nature est uniforme. Revenons au raisonnement à propos du lever du soleil. Il semble que notre confiance en la probabilité de la conclusion réside en la croyance (implicite) que le futur ressemble généralement au passé. On pourrait donc compléter le raisonnement de la façon suivante :

> D'aussi loin que je m'en souvienne, le soleil s'est levé tous les jours.
> Généralement, le futur ressemble au passé.
> ∴ Demain, le soleil va se lever.

La seconde prémisse est plutôt vague, mais grâce à elle, la conclusion est maintenant probable. La prémisse ajoutée postule l'existence d'une certaine uniformité entre le passé et le présent. Il s'agit d'une version du **principe de l'uniformité de la nature**. Il existe d'autres versions de ce principe: certaines concernent l'uniformité entre les événements observés et les événements non observés; d'autres portent sur le fait que des causes semblables produisent généralement des effets semblables. Idéalement, nous aimerions pouvoir formuler un principe d'uniformité qui puisse s'appliquer au plus grand nombre possible de raisonnements. La version suivante fera l'affaire:

> La plupart des régularités présentes dans les régions de l'espace et du temps que nous avons observées sont aussi présentes dans les autres régions.

Une **régularité** est, en gros, une suite d'événements qui se produit fréquemment. Il est sans doute impossible de déterminer précisément à quels types de régularités le principe de l'uniformité de la nature peut être appliqué. On peut toutefois noter que les régularités qui ont été observées *à plusieurs reprises* et *dans des conditions variées* sont de bons candidats.

Il importe de reconnaître que le principe de l'uniformité de la nature n'est pas une vérité nécessaire. Il y a en effet des mondes possibles dans lesquels les lois de la nature changent continuellement d'un moment à l'autre et d'un endroit à l'autre. Peut-on montrer que ce principe est vrai dans notre monde? Considérons par exemple le raisonnement suivant:

> Les applications passées du principe de l'uniformité de la nature ont été couronnées de succès.
> ∴ Les applications futures de ce principe seront couronnées de succès.

Ce raisonnement n'est malheureusement pas plus adéquat que l'induction avancée au début de la présente section: la prémisse ne garantit pas que la conclusion soit probable. Pour rendre ce raisonnement adéquat, il faudrait ajouter une prémisse affirmant que le futur ressemblera au passé; autrement dit, il faudrait supposer la vérité même du principe de l'uniformité de la nature! Cela n'est, après tout, pas étonnant: comme le principe de l'uniformité de la nature porte sur des régions non explorées de l'espace et du temps, il nous est impossible de confirmer sa vérité, ou même de montrer qu'il est probablement vrai. Aussitôt qu'une région est explorée, le principe cesse de s'appliquer à celle-ci. Il ne semble donc pas possible de montrer que le principe de l'uniformité de la nature est vrai sans supposer que ce principe soit vrai.

Peut-être qu'au lieu d'essayer de démontrer le principe de l'uniformité de la nature à l'aide d'une induction de ce genre, il serait préférable de le justifier en invoquant le rôle systématique qu'il joue dans notre système de croyances. En effet, le recours à ce principe est tellement central à l'acquisition de connaissances sur le monde que sans lui, il semble que nous ne serions pas en mesure de connaître grand-chose : nous serions contraints de ne décrire que les événements que nous pouvons observer directement et ne serions jamais en mesure de dire quoi que ce soit sur le futur ou sur ce qui se passe ailleurs. On peut donc voir le principe de l'uniformité de la nature comme une sorte de « condition de possibilité de la connaissance » ; en d'autres termes, si l'on admet que la connaissance du futur, des régions inexplorées de l'espace et des lois de la nature est possible, le principe de l'uniformité de la nature (ou un principe semblable) doit être vrai.

Exercices D

Identifiez la régularité décrite dans chacune des inductions suivantes. Représentez ensuite l'induction sous la forme standard en reformulant au besoin certains énoncés et en ajoutant les énoncés implicites appropriés, y compris le principe de l'uniformité de la nature.

1. Toutes les théories scientifiques qui ont été avancées dans le passé pour expliquer les phénomènes naturels se sont révélées fausses. Par conséquent, les théories scientifiques actuelles vont elles aussi se révéler fausses.
2. Chaque fois que je fais démarrer ma voiture, elle produit un bruit strident qui dure environ 10 secondes. Tu vas entendre ce bruit dans un instant.
3. Chaque fois que j'ai utilisé ce grille-pain dans le passé, ma tranche de pain a brûlé. Regarde bien ce qui va arriver à la tranche de pain que je viens de mettre dans le grille-pain.
4. Tu vas bientôt avoir une attitude arrogante, car lorsque tu as consommé de la boisson énergisante par le passé, tu as toujours eu une attitude arrogante.

5. Le raisonnement par analogie

Le **raisonnement par analogie** s'appuie sur le fait que deux ou plusieurs objets (ou phénomènes) ont certains points de ressemblance pour conclure qu'ils ont d'autres points de ressemblance. Nous avons très souvent recours à ce genre de raisonnement dans la vie courante. Supposons par exemple que sans trop prêter attention à son apparence, vous mangiez un morceau de fromage. Celui-ci a un goût très désagréable et vous vous rendez compte qu'il est parsemé de petites taches veloutées et bleuâtres. Dans le futur, vous vous refuserez à manger tout fromage ayant cette apparence, en vous disant qu'il aura sans doute le même goût désagréable qui vous fait encore frémir. Votre raisonnement est le suivant :

> Ce morceau de fromage et le morceau que j'ai mangé il y a quelque temps ont tous deux des petites taches veloutées et bleuâtres.
> Le morceau de fromage que j'ai mangé il y a quelque temps avait un goût très désagréable.
> ∴ Ce morceau de fromage a un goût très désagréable.

Tel qu'il est formulé, ce raisonnement n'est pas adéquat, puisque les prémisses ne rendent pas la conclusion probable. Pour obtenir une inférence adéquate, on doit ajouter un **principe d'analogie**, selon lequel les objets ayant certains points de ressemblance ont généralement d'autres points de ressemblance. Tout comme le principe de l'uniformité de la nature, le principe d'analogie a plusieurs versions. Nous adopterons la formulation suivante : *Les objets ou événements qui ont plusieurs traits de ressemblance partagent la plupart de leurs autres propriétés.*

Le **raisonnement par analogie** a la forme suivante :

> A et B possèdent tous deux les traits $F_1, F_2, F_3, ...$
> A possède aussi le trait G.
> Les objets ou événements qui ont plusieurs traits de ressemblance partagent la plupart de leurs autres propriétés.
> ∴ B possède le trait G.

Dans ce raisonnement, B est le **sujet de l'analogie**, c'est-à-dire la chose (ou le phénomène) sur lequel porte le raisonnement par analogie. A est l'**analogue**, c'est-à-dire l'objet (ou le phénomène) qui ressemble au sujet de l'analogie et dont on connaît assez bien les propriétés. $F_1, F_2, F_3, ...$ sont les **traits de ressemblance**, c'est-à-dire les propriétés communes au sujet de l'analogie et à l'analogue. G est la **ressemblance inférée**, c'est-à-dire la propriété qu'on attribue au sujet de l'analogie sur la base de sa ressemblance avec l'analogue.

Dans l'exemple donné plus haut, le sujet de l'analogie est le nouveau morceau de fromage, l'analogue est le morceau de fromage que l'auteur a mangé il y a quelque temps, les traits de ressemblance sont les petites taches veloutés bleuâtres et la ressemblance inférée est le goût très désagréable.

Il n'y a pas de règle stricte permettant de déterminer la force d'un raisonnement par analogie. Il est toutefois utile de prêter attention aux deux caractéristiques suivantes :

(1) Le degré d'analogie

Plus des objets ont de traits de ressemblance, plus il est probable qu'ils partagent un trait additionnel. Cependant, on doit aussi tenir compte du nombre de différences entre les deux objets. Une **analogie positive** est un aspect sous lequel deux objets sont semblables (ou, si l'on veut, un trait de ressemblance), alors qu'une **analogie négative** est un aspect sous lequel ils diffèrent. Le **degré d'analogie** entre deux objets est le rapport entre le nombre d'analogies positives et le nombre d'analogies négatives. Ainsi, le degré d'analogie augmente lorsque le nombre d'analogies positives augmente, et diminue lorsque le nombre d'analogies négatives augmente.

Il n'existe pas de méthode universelle pour compter le nombre d'analogies positives et négatives (par exemple, des champignons ayant tous deux cinq taches rouges ont-ils *un* trait commun ou *cinq* ?), ni d'équation permettant de lier le degré d'analogie à la probabilité de la conclusion. À défaut de preuve du contraire, un degré d'analogie élevé indique tout de même un raisonnement par analogie fort.

(2) La pertinence de l'analogie

L'identification des **ressemblances pertinentes**, c'est-à-dire des propriétés communes qui sont susceptibles d'indiquer la présence d'autres propriétés communes, est cruciale à l'évaluation d'un raisonnement par analogie. La couleur, la texture et la consistance de la crème à raser sont très similaires à celles de la crème fouettée. Pourtant, leur goût est très différent. Ces traits de ressemblance ne sont donc pas pertinents par rapport au goût, qui est davantage lié aux ingrédients respectifs des deux produits. Puisque la crème à raser et la crème fouettée ont peu d'ingrédients en commun, un raisonnement par analogie dont le goût constituerait la ressemblance inférée serait inadéquat. Règle générale, les analogies positives d'un raisonnement par analogie doivent être pertinentes pour qu'il soit adéquat.

Le raisonnement par analogie est fréquemment utilisé en science, entre autres dans le contexte d'études impliquant des animaux de laboratoire (rats, lapins, etc.). On observe les résultats qu'un certain traitement a chez ces animaux, et on conclut que le même traitement chez l'être humain aurait probablement des conséquences similaires. De telles inférences sont malheureusement souvent hasardeuses, car les êtres humains et les rats (ou les lapins) ont plusieurs analogies négatives, et on ne connaît pas toujours la pertinence des analogies positives entre les deux espèces. Le raisonnement par analogie est utilisé dans plusieurs autres domaines. Par exemple, un groupe d'ingénieurs peut étudier les propriétés aérodynamiques d'une voiture en laboratoire et faire certaines prédictions à propos du comportement de cette voiture sur la route. À l'occasion, les historiens tirent certaines conclusions à propos de civilisations anciennes sur la base d'analogies qu'ils découvrent avec des sociétés qu'ils connaissent mieux.

On a aussi souvent recours au raisonnement par analogie dans le contexte de discussions morales : du fait que des situations partagent un certain nombre de propriétés pertinentes, on conclut qu'elles devraient être évaluées ou traitées de la même façon. Un tel raisonnement s'appuie sur un **principe d'égalité**, qui joue un rôle similaire au principe d'analogie, et selon lequel les règles morales devraient être appliquées de manière uniforme d'un contexte à l'autre. Voici une version de ce principe :

Des cas similaires devraient être traités de façon similaire.

Supposons que nous ayons toutes les raisons de croire que Simard et Choquette ont travaillé ensemble à la planification et à l'exécution du vol des documents secrets. Par conséquent, puisque Simard a été condamné à 10 ans de prison, Choquette devrait recevoir une sentence identique. Ce raisonnement pourrait être représenté de la façon suivante :

Simard et Choquette ont travaillé ensemble à la planification et à l'exécution du vol des documents secrets.
Simard a été condamné à 10 ans de prison.
Des cas similaires devraient être traités de façon similaire.
∴ Choquette doit être condamné à 10 ans de prison.

Dans ce raisonnement, Choquette est le sujet de l'analogie, Simard est l'analogue, le fait d'avoir travaillé à la planification et à l'exécution du vol des documents secrets est le trait de ressemblance, et le fait d'être condamné à 10 ans de prison est la ressemblance inférée.

Exercices E

Dans chacun des raisonnements par analogie suivants, identifiez le sujet de l'analogie, l'analogue, les traits de ressemblance et la ressemblance inférée. Représentez ensuite le raisonnement sous la forme standard en le reformulant au besoin et en ajoutant les énoncés implicites appropriés, y compris le principe d'analogie ou le principe d'égalité.

1. La voiture de Mehdi est très fiable. Je viens de m'acheter une voiture de la même marque, du même modèle et de la même année. Ce sera certainement une voiture très fiable.
2. Dans tout bon mariage, les conjoints n'hésitent pas à recourir à l'assistance psychologique pour régler les conflits qui surviennent. Pourquoi ne fais-tu pas appel à ce genre d'assistance pour régler les conflits qui existent entre ton collègue de travail et toi ? Après tout, tu passes plusieurs heures par jour avec lui.
3. Le dernier film de Claude Lebigle est sûrement très ennuyeux. J'ai vu son film précédent, *Viva la vie va!*, et c'était à mourir d'ennui.
4. Fais attention à cet insecte ! La semaine dernière, un insecte jaune et noir aux ailes opaques comme celui-ci m'a infligé une piqûre très douloureuse.
5. Tu es d'accord avec moi qu'on ne devrait pas commettre de vol à l'étalage. Les pertes infligées au commerce sont transférées à des gens comme toi et moi. Tu ne dois donc pas voler l'entreprise pour laquelle tu travailles, puisque, ici aussi, les pertes infligées sont transférées à des gens comme toi et moi.
6. Un primate adulte a des capacités psychologiques au moins aussi développées que celles d'un petit enfant : il peut ressentir de la douleur et du plaisir, il peut jouer avec ses congénères, il a le sens de son propre intérêt. Or il va de soi qu'on ne devrait pas infliger de la douleur à un petit enfant sous prétexte de faire avancer la science. On ne devrait donc pas faire de même avec un primate adulte.
7. Les différentes parties d'une montre ne peuvent s'assembler d'elles-mêmes : il doit y avoir un horloger pour fabriquer une montre. De même, les différentes parties du monde ne peuvent s'organiser d'elles-mêmes pour produire l'ordre naturel. Il doit donc exister un Dieu qui a créé le monde.
8. On ne peut vraiment apprendre l'anglais sans le parler. Par conséquent, on ne peut vraiment apprendre le latin sans le parler.

NOTIONS CLÉS

Analogie négative : aspect sous lequel deux objets diffèrent.

Analogie positive : aspect sous lequel deux objets sont semblables (trait de ressemblance).

Analogue : dans un raisonnement par analogie, chose ou phénomène qui ressemble au sujet de l'analogie et dont on connaît assez bien les propriétés.

Degré d'analogie : rapport entre le nombre d'analogies positives et le nombre d'analogies négatives.

Exigence des données complètes : exigence selon laquelle les prémisses d'une induction doivent rapporter toutes les données pertinentes connues.

Généralisation statistique : raisonnement de la forme

n pour cent des m membres d'un échantillon aléatoire de F sont G.
∴ Environ n pour cent des F sont G.

Principe d'analogie : principe selon lequel les objets ou événements qui ont plusieurs traits de ressemblance partagent la plupart de leurs autres propriétés.

Principe d'égalité : principe selon lequel des cas similaires devraient être traités de façon similaire.

Principe de l'uniformité de la nature : principe selon lequel la plupart des régularités présentes dans les régions de l'espace et du temps que nous avons observées sont aussi présentes dans les autres régions.

Problème de l'induction : problème lié au fait que plusieurs des raisonnements inductifs que nous invoquons couramment, en science comme dans la vie de tous les jours, ne semblent pas adéquats.

Raisonnement par analogie : raisonnement de la forme

A et B possèdent tous deux les traits F_1, F_2, F_3, ...
A possède aussi le trait G.
∴ B possède le trait G.

Régularité : suite d'événements qui se produit fréquemment.

Ressemblance inférée : dans un raisonnement par analogie, la propriété qu'on attribue au sujet de l'analogie sur la base de sa ressemblance avec l'analogue.

> **NOTIONS CLÉS (SUITE)**
>
> **Ressemblances pertinentes:** traits de ressemblance qui sont susceptibles d'indiquer la présence d'autres traits communs.
>
> **Sujet de l'analogie:** chose (ou phénomène) sur lequel porte un raisonnement par analogie.
>
> **Syllogisme statistique:** raisonnement de la forme
>
> > n pour cent des F sont G.
> > A est F.
> > ∴ A est G (ou ∴ A n'est pas G).
>
> **Traits de ressemblance:** dans un raisonnement par analogie, les propriétés communes au sujet de l'analogie et à l'analogue.

8

L'analyse causale

Un principe fondamental en sciences de la nature est que les événements surviennent parce qu'ils ont été causés par quelque chose. L'identification de la cause d'un événement est utile pour plusieurs raisons. Tout d'abord, elle nous permet d'*expliquer* le processus qui a mené à la production de l'événement. Elle permet aussi parfois de *prédire* comment les choses vont se dérouler si telles et telles conditions sont réalisées. Dans certains cas, l'identification d'une cause rend possible le *contrôle* de la production de l'événement. Par exemple, si l'on sait ce qui cause une maladie, nous pouvons tenter de la prévenir en empêchant que sa cause survienne. Ce chapitre propose une analyse des différents types de causes et présente un ensemble de méthodes expérimentales permettant de déterminer les causes des phénomènes.

1. Les corrélations

Il faut distinguer la corrélation de la relation causale. Deux phénomènes (objets, événements, propriétés, etc.) sont **corrélés** si la présence de l'un est toujours accompagnée, ou tend à être accompagnée, par la présence de l'autre. La nuit est corrélée avec le coucher du soleil. La bonne santé est corrélée avec l'exercice physique. La présence d'un chat est corrélée avec la présence d'un félin. S'il existe une relation causale entre deux phénomènes, ceux-ci sont corrélés. Cependant, deux phénomènes peuvent être corrélés sans qu'il y ait de relation causale entre eux. Par exemple, on a toujours une figure géométrique à quatre côtés lorsqu'on a un carré, mais il serait absurde de dire que la présence d'un carré cause la présence d'une figure géométrique à quatre côtés. La corrélation provient simplement du fait qu'un carré est, par définition, une figure géométrique dont les quatre angles sont droits et les quatre côtés égaux. Nous allons maintenant examiner différents types de corrélations.

Condition nécessaire

L'oxygène est nécessaire à la vie. Autrement dit, l'oxygène est une condition nécessaire de la vie. Cela veut dire que sans oxygène, il n'y a pas de vie. Ou, si l'on veut, s'il y a de la vie, il faut qu'il y ait de l'oxygène. Dire que l'oxygène est nécessaire à la vie, ce n'est pas dire qu'il y a toujours de la vie lorsqu'il y a de l'oxygène. Il y a en fait plusieurs autres conditions qui sont requises pour que la vie apparaisse dans un milieu ; autrement dit, il existe plusieurs autres conditions nécessaires de la vie. Les énoncés suivants sont équivalents :

x est une **condition nécessaire** de y
Sans x, il n'y a pas de y
x doit être présent pour que y soit aussi présent
y survient seulement si x survient
Lorsque y se produit, x se produit aussi

Notons l'équivalence entre les énoncés conditionnels et les énoncés décrivant des conditions nécessaires :

x est une condition nécessaire de y = Si y, alors x = Si non x, alors non y

Voici quelques exemples de conditions nécessaires :

La présence d'un combustible est une condition nécessaire du feu.
Il est nécessaire d'être un animal pour être un chat.
La bacille typhique est une condition nécessaire de la typhoïde.

Un énoncé décrivant une condition nécessaire peut être une vérité contingente ou une vérité nécessaire (voir la section 6 du chapitre 4). Par exemple, dans notre monde, l'oxygène est nécessaire à la vie, mais il existe des mondes possibles dans lesquels la vie peut apparaître sans qu'il y ait de l'oxygène. Par conséquent, l'énoncé « L'oxygène est une condition nécessaire de la vie » est une vérité contingente. Par ailleurs, le fait qu'il n'y a pas de mondes possibles dans lesquels un carré n'a pas quatre côtés implique que l'énoncé « Avoir quatre côtés est une condition nécessaire pour être un carré » est une vérité nécessaire.

Condition suffisante

Il suffit d'être à Montréal pour être au Québec. Être à Montréal est donc une condition suffisante pour être au Québec. En d'autres termes, si l'on est à Montréal, on est au Québec. Les énoncés suivants sont équivalents :

x est une **condition suffisante** de y
Lorsque x est présent, y est aussi présent
x ne peut se produire sans que y se produise aussi

Voici quelques exemples de conditions suffisantes :

Être une mère est une condition suffisante pour être un parent.
Avoir 25 ans est une condition suffisante pour avoir plus de 18 ans.
La présence de la vie est une condition suffisante de la présence d'oxygène.

Il existe un lien étroit entre les conditions suffisantes et les conditions nécessaires. Notons d'abord l'équivalence suivante :

x est une condition suffisante de y = Si x, alors y

En comparant cette équivalence avec celle qui est donnée plus haut relativement à la condition nécessaire, on constate qu'une condition suffisante est, en un sens, l'inverse d'une condition nécessaire, c'est-à-dire :

x est une condition suffisante de y = y est une condition nécessaire de x

Si un homme est le mari de quelqu'un, alors il est marié. Cela veut dire qu'être le mari de quelqu'un est une condition suffisante pour être marié. Mais cela veut aussi dire qu'il faut être marié pour être le mari de quelqu'un. Par conséquent, être marié est une condition nécessaire pour être le mari de quelqu'un. Ainsi, les énoncés « Être le mari de quelqu'un est une condition suffisante pour être marié » et « Être marié est une condition nécessaire pour être le mari de quelqu'un » sont équivalents.

Tout comme un énoncé exprimant une condition nécessaire, un énoncé décrivant une condition suffisante peut être une vérité contingente ou une vérité nécessaire. Par exemple, « Posséder un milliard de dollars est une condition suffisante pour être riche » est une vérité contingente, puisqu'il y a des mondes possibles dans lesquels la valeur d'échange du dollar est faible au point qu'un milliard de dollars suffit à peine, par exemple, à nourrir une personne pendant une semaine. Par contre, « Posséder un milliard de dollars est une condition suffisante pour être milliardaire » est une vérité nécessaire, puisque par définition, un milliardaire est quelqu'un qui possède un milliard de dollars ou plus.

Condition nécessaire et suffisante

Si je suis à Ottawa, je suis dans la capitale du Canada. Par conséquent, être à Ottawa est une condition suffisante pour être dans la capitale du Canada. En outre, si je ne suis pas à Ottawa, je ne suis pas dans la capitale du Canada. Être à Ottawa est donc une condition nécessaire pour être dans la capitale du Canada. Par conséquent, le fait d'être à Ottawa est une **condition nécessaire et suffisante** pour être dans la capitale du Canada. Une condition nécessaire et suffisante peut être exprimée de diverses façons :

x est une condition nécessaire et suffisante de y
x se produit à chaque fois que y se produit et seulement lorsque y se produit
Lorsque x est présent, y est aussi présent, et lorsque y est présent, x est aussi présent
x est une condition suffisante de y et y est une condition suffisante de x
x est une condition nécessaire de y et y est une condition nécessaire de x

Notons l'équivalence suivante :

x est une condition nécessaire et suffisante de y = x si et seulement si y

Voici encore quelques exemples de conditions nécessaires et suffisantes :

Le passage de la Lune entre le Soleil et la Terre est une condition nécessaire et suffisante d'une éclipse solaire.
Être en Russie est une condition nécessaire et suffisante pour être dans le plus grand pays du monde.
Être un adulte non marié est une condition nécessaire et suffisante pour être célibataire.

Corrélation partielle

La bonne santé est corrélée avec l'exercice physique. Mais l'exercice physique n'est pas une condition suffisante de la bonne santé, puisqu'il y a des gens qui font de l'exercice physique et qui ne sont pas en bonne santé. L'exercice physique n'est pas non plus une condition nécessaire de la bonne santé, car il y a des gens en bonne santé qui ne font pas d'exercice. La corrélation entre la bonne santé et l'exercice physique est donc partielle. Il y a **corrélation partielle** entre deux phénomènes si la présence de l'un tend à être accompagnée par la présence de l'autre. Voici quelques exemples de corrélations partielles :

> L'industrialisation est partiellement corrélée à la pollution.
> La pauvreté est partiellement corrélée à la maladie.
> La pluie est partiellement corrélée à la basse pression atmosphérique.

Corrélation entre quantités variables

Jusqu'à présent, il a été surtout question de corrélations entre des **événements discrets**, c'est-à-dire des événements qui ou bien se produisent ou bien ne se produisent pas : la présence d'un chat, le fait d'être un carré, le fait d'être célibataire, etc. Plusieurs phénomènes, cependant, sont des **quantités variables**, c'est-à-dire des phénomènes qui peuvent être présents à divers degrés : la température, la richesse, la pollution, etc. Des quantités variables peuvent bien sûr être corrélées entre elles. Une corrélation entre des quantités variables peut être statistique ou absolue.

Les corrélations entre les quantités variables en macroéconomie sont statistiques. Un abaissement du taux de chômage tend à faire augmenter l'inflation. Mais comme le taux d'inflation dépend d'une multitude d'autres facteurs, il n'y a pas de relation fixe entre le taux de chômage et le taux d'inflation. La relation entre ces deux quantités est une **corrélation statistique** ; autrement dit, les variations d'une quantité tendent à être accompagnées d'une variation de l'autre, conformément à une certaine régularité.

Considérons la formule géométrique suivante, qui définit l'aire d'un cercle (A) en termes de son rayon (r) :

$$A = \pi r^2$$

Ici, π est une constante ayant approximativement la valeur 3,1416. La corrélation entre l'aire d'un cercle et son rayon est absolue. Il y a **corrélation absolue** entre deux (ou plusieurs) quantités lorsque la valeur de l'une est entièrement déterminée par la valeur de l'autre (ou des autres).

Un autre bon exemple de corrélation absolue est la loi des gaz parfaits, selon laquelle :

$$PV = nRT$$

Cette loi lie la pression (P) et le volume (V) d'un gaz à sa température (T). R est une constante et n est le nombre de moles de gaz. La corrélation est absolue, car la valeur de l'une des variables est entièrement déterminée par la valeur des autres variables de l'équation.

Exercices A

Déterminez si A est une condition nécessaire, suffisante, ou nécessaire et suffisante de B.

1. A : être à Rome ; B : être en Italie
2. A : être un parent ; B : être un père
3. A : être une fleur ; B : être une tulipe
4. A : être une tulipe ; B : être une fleur
5. A : être de l'eau ; B : être de l'H2O
6. A : être plus grand qu'un atome ; B : être visible à l'œil nu
7. A : être un nombre pair ; B : être un nombre entier
8. A : avoir plus de 20 ans ; B : avoir 40 ans
9. A : être en France ; B : être dans un pays dont la capitale est Paris
10. A : mesurer 5 mètres ; B : être plus grand que tout être humain vivant actuellement

Exercices B

Parmi les énoncés suivants, lesquels sont équivalents à « Lorsque j'ai de la fièvre, j'ai mal à la tête » ?

1. Ma fièvre est une condition suffisante de mon mal de tête.
2. Ma fièvre est une condition nécessaire de mon mal de tête.
3. Mon mal de tête est une condition suffisante de ma fièvre.

4. Mon mal de tête est une condition nécessaire de ma fièvre.
5. Lorsque j'ai mal à la tête, j'ai de la fièvre.
6. Lorsque je n'ai pas mal à la tête, je n'ai pas de fièvre.
7. Lorsque je n'ai pas de fièvre, je n'ai pas mal à la tête.

Exercices C

Dans les énoncés suivants, A est-il une condition nécessaire, une condition suffisante, ou une condition nécessaire et suffisante de B, ou n'y a-t-il qu'une corrélation partielle entre A et B ?

Certains de ces énoncés sont faux. Il ne s'agit pas ici d'évaluer la vérité des énoncés, mais bien d'identifier le type de corrélation qu'ils décrivent.

1. Tous les *oiseaux* (A) *ont des ailes* (B).
2. Seuls les *oiseaux* (A) *ont des ailes* (B).
3. Il n'y a pas de *fumée* (B) sans *feu* (A) et il n'y a pas de *feu* sans *fumée*.
4. Il faut *appuyer sur ce bouton* (A) pour *faire démarrer la machine* (B).
5. Il ne peut y avoir de *bonheur* (B) sans *argent* (A).
6. *Je vais aller à la fête* (B) seulement si *Dominique y va* (A) aussi.
7. Si le *virus* (A) n'est pas présent, il n'y aura pas de *fièvre* (B).
8. Lorsque le *virus* (A) est présent, il y a souvent de la *fièvre* (B).
9. S'il y a du *feu* (A), c'est qu'il y a aussi de l'*oxygène* (B).
10. Toutes les personnes qui ont le *sida* (B) sont *infectées par le virus VIH* (A), mais les personnes qui sont *infectées par le virus VIH* n'ont pas toutes le *sida*.
11. Une personne est *célèbre* (A) si et seulement si elle est *connue du grand public* (B).

2. La causalité

Un énoncé de la forme « *x* cause *y* » peut décrire une relation causale spécifique ou générale. Une relation causale est **spécifique** lorsqu'elle concerne deux événements particuliers uniques. Les énoncés « L'éternuement de Mélissa a déclenché l'avalanche » et « L'assassinat de l'archiduc François-Ferdinand a causé la Première Guerre mondiale » décrivent des relations causales spécifiques. Une relation causale est **générale** lorsqu'elle concerne des types d'événements. « L'exercice physique fait augmenter le rythme cardiaque » et « Le feu produit de la fumée » décrivent des relations causales générales.

L'énoncé « x cause y » peut aussi décrire une relation causale nécessaire, suffisante, nécessaire et suffisante, ou partielle.

Si x est requis pour produire y, alors x est une condition causalement nécessaire, ou **cause nécessaire**, de y. La bacille typhique est une cause nécessaire de la typhoïde. Cela veut dire que quelqu'un ne peut avoir la typhoïde sans être infecté par la bacille typhique. (Mais cela ne veut pas dire que quiconque est infecté par la bacille typhique a la typhoïde.) La présence d'oxygène et la présence d'aliments sont deux des nombreuses causes nécessaires de la vie. L'électricité est une cause nécessaire de l'apparition d'une image à la télé.

Le mot « cause » est souvent utilisé pour désigner une cause nécessaire lorsque notre tâche est d'éliminer un phénomène nuisible, comme un conflit armé ou une maladie. Pour mener à bien cette tâche, il faut identifier un facteur qui est une cause nécessaire du phénomène et le faire disparaître (ou le contrôler de façon à ce qu'il ne cause pas le phénomène). Un médecin cherchera par exemple à identifier le germe (la bactérie ou le virus) qui est responsable de la maladie d'un patient, dans l'espoir que la destruction ou le contrôle de ce germe permettra au patient de recouvrer la santé. Ainsi, lorsqu'on parle de *la* cause d'une maladie, on a généralement à l'esprit une certaine cause nécessaire de celle-ci.

Si x cause toujours y, alors x est une condition causalement suffisante de y, ou simplement une **cause suffisante** de y. Un mouvement soudain et violent des plaques tectoniques est une cause suffisante d'un tremblement de terre. (Ce n'est pas une cause nécessaire, car un tremblement de terre peut aussi être causé par une éruption volcanique, par exemple.) Il y a plusieurs causes suffisantes de la mort : la décapitation et l'incinération complète n'en sont que deux.

Nous associons souvent le mot « cause » à une cause suffisante lorsque nous voulons, non pas éliminer un phénomène nuisible, mais produire quelque chose de souhaitable. Par exemple, pendant longtemps les êtres humains ont cherché à connaître *la* cause du feu, de façon à pouvoir en produire à volonté. Ces gens étaient à la recherche d'une cause suffisante du feu et non pas simplement d'une cause nécessaire.

Si x est requis pour produire y et cause toujours y, alors x est une **cause nécessaire et suffisante** de y. Les causes nécessaires et suffisantes sont rares. Voici tout de même deux exemples : la foudre est une cause nécessaire et suffisante du tonnerre ; lorsque la pression est normale, amener de la glace à une température supérieure à 0 °C est une cause nécessaire et suffisante de la fonte de cette glace.

Si x tend à produire y, alors x est une **cause partielle** de y. Le tabagisme est une cause partielle du cancer du poumon. La consommation de sucre est une cause partielle de la carie dentaire. On a souvent à l'esprit une cause partielle lorsqu'on parle de *la* cause d'un événement. L'événement en question peut résulter d'un enchaînement causal complexe, mais un des éléments de cet enchaînement est considéré comme *la* cause de l'événement, parce qu'il a un caractère inusité ou parce que c'est lui qui a déclenché l'enchaînement. Par exemple, on dira que c'est la fuite de gaz qui a causé l'explosion, si une telle fuite est inhabituelle ou n'était pas censée se produire. Par contre, dans les contextes où les fuites de gaz sont courantes, on dira plutôt que c'est une étincelle, par exemple, qui a causé l'explosion. Dans un cas comme dans l'autre, nous avons affaire à des causes partielles qui ne sont ni nécessaires ni suffisantes.

Comme on l'a vu au début de la section 1, le fait que x est corrélé à y n'entraîne pas que x cause y. Supposons que l'on découvre que le sang de toutes les personnes atteintes de boulimie contient une certaine molécule complexe, que nous appellerons « XYZ ». En d'autres termes, il existe une corrélation entre la présence de XYZ et la boulimie ; plus précisément, la présence de XYZ est une condition nécessaire de la boulimie. Cela veut-il dire que la présence de XYZ est une cause nécessaire de la boulimie ? Pas du tout ! Il y a en fait quatre possibilités :

(1) La présence de XYZ est bel et bien une cause nécessaire de la boulimie. Autrement dit, la présence de XYZ dans le sang serait requise dans le processus causal qui amène une personne à devenir boulimique.

(2) La présence de XYZ est produite par la boulimie. Les habitudes alimentaires d'une personne atteinte de boulimie pourraient par exemple être responsables de la présence de XYZ dans son sang. Dans un tel cas, la boulimie serait une cause suffisante de la présence de XYZ, ce qui expliquerait pourquoi toutes les personnes boulimiques ont du XYZ dans le sang.

(3) La présence de XYZ et la boulimie résultent toutes deux d'un autre facteur ou d'un ensemble d'autres facteurs. Autrement dit, la présence

de XYZ dans le sang et la boulimie ont une **cause commune** : le facteur qui est responsable de la boulimie est aussi responsable de la présence de XYZ dans le sang, et c'est pourquoi toutes les personnes atteintes de boulimie ont du XYZ dans le sang. L'existence d'un gène qui prédispose à la boulimie et à l'accumulation de XYZ dans le sang serait un exemple de cause commune.

(4) La corrélation entre la présence de XYZ et la boulimie n'est pas de nature causale. Imaginons par exemple que presque tous les êtres humains ont du XYZ dans le sang, et que par pure coïncidence, il se trouve que toutes les personnes atteintes de boulimie, sans exceptions, en ont aussi. (C'est un peu comme si, par pure coïncidence, toutes les personnes boulimiques étaient droitières.) Il serait par exemple tout à fait possible que dans 20 ans, plusieurs personnes atteintes de boulimie n'aient pas de XYZ dans le sang. Dans un tel cas, la corrélation ne résulterait pas d'un processus causal.

Ces quatre possibilités montrent pourquoi il n'est pas légitime de s'appuyer sur une simple corrélation pour conclure à la présence d'une relation causale d'un type particulier.

Exercices D

Déterminez si la cause décrite est une cause nécessaire, suffisante, ou nécessaire et suffisante.

Certains de ces énoncés sont faux. Il ne s'agit pas ici d'évaluer la vérité des énoncés, mais bien d'identifier le type de cause qu'ils décrivent.

1. Le feu cause toujours de la fumée et la fumée est toujours causée par du feu.
2. Un coup de marteau sur un vase fragile casse toujours celui-ci.
3. Tous ceux qui sont infectés par le sida sont infectés par le virus VIH, mais tous ceux qui ont le virus VIH n'ont pas le sida.
4. On ne fait pas d'omelette sans casser des œufs.
5. Chaque fois qu'il pleut, mon vélo devient mouillé.
6. Il ne peut y avoir de feu sans oxygène.
7. Quiconque jeûne pendant une semaine aura faim.
8. Un morceau de fer se dilate si et seulement si on le réchauffe.

9. En l'absence d'oxygène, il ne peut y avoir de feu.
10. La décapitation tue une personne à tout coup.

3. Les méthodes de Mill

Le philosophe anglais John Stuart Mill (1806-1873) a développé des méthodes expérimentales ingénieuses pour déterminer les causes de certains phénomènes. Bien que la science ait évolué énormément depuis que Mill a proposé ses méthodes, celles-ci décrivent encore la logique de base qui sous-tend bien des enquêtes scientifiques. Comme on le verra, ces méthodes sont aussi couramment utilisées dans des contextes non scientifiques.

La méthode de différence

Supposons qu'un certain événement E se produise dans une situation S_1 mais ne se produise pas dans une situation S_2. La méthode de différence nous permet de déterminer la cause de E. Elle consiste à énumérer toutes les conditions présentes dans les deux situations (avant que E se produise) et à rechercher une différence entre celles-ci. Supposons que S_1 et S_2 comportent les conditions ou facteurs suivants :

S_1: A, B, C, D E se produit
S_2: A, B, C, F E ne se produit pas

La seule différence entre les deux situations est la présence du facteur D en S_1, qui est absent de S_2. (Nous excluons la possibilité que ce soit l'*absence* de F qui cause E.) Nous pouvons donc conclure que D est la cause de E. Autrement dit, puisque D est la seule différence entre les deux situations avant l'apparition de E, ce facteur est la cause de E.

Notons que cette méthode ne nous permet pas de déterminer si D est une cause nécessaire, suffisante ou partielle de E. Une enquête plus approfondie serait requise pour régler cette question.

La méthode de différence est fréquemment utilisée dans les essais cliniques de médicaments expérimentaux. Deux groupes d'individus sont constitués : on fait prendre le médicament aux membres du premier groupe, le **groupe expérimental**, alors qu'un placebo est administré aux membres du second groupe, le **groupe témoin**. Initialement, les membres des deux groupes doivent se ressembler le plus possible, et les différences entre les deux groupes qui surviennent après quelque temps sont considérées comme des effets du médicament.

On veut savoir si une nouvelle lotion créée en laboratoire peut permettre de vaincre la calvitie. Les sujets sont cent hommes chauves qu'on divise en deux groupes de cinquante. On applique la nouvelle lotion deux fois par jour sur le crâne des membres du groupe expérimental, alors que les membres du groupe témoin reçoivent un traitement en apparence similaire, sauf que la lotion n'est qu'une crème hydratante ordinaire.

Idéalement, on souhaiterait que les cent hommes soient identiques, de façon à ce que la seule différence entre les membres des deux groupes consiste dans le traitement qu'ils reçoivent. (Des jumeaux identiques ou des clones feraient très bien l'affaire!) Mais en pratique, cela n'est pas possible. On peut tout de même s'assurer que les membres sont tous en santé, qu'ils ont à peu près le même âge, que leurs styles de vie sont comparables, etc. On suppose par ailleurs que les facteurs non contrôlables qui pourraient influencer la pousse de cheveux sont également répartis dans les deux groupes. Le recours à des groupes assez nombreux rend cette hypothèse plus probable. Après un certain temps, disons deux mois, on examine attentivement le crâne de chacun des cent hommes, et on prend note des différences. S'il s'avère que seuls les membres du groupe expérimental ne sont plus chauves, on peut conclure que la nouvelle lotion cause la pousse de cheveux.

La méthode de différence est aussi très souvent utilisée dans des contextes non scientifiques. Par exemple, vous avez mal à la tête et vous vous demandez pourquoi. Pour identifier la cause de votre mal de tête, vous cherchez à savoir ce que vous avez fait d'inhabituel récemment. Vous vous rappelez que contrairement à votre habitude, vous avez joué à des jeux vidéo tout l'après-midi. Cette séance de jeu est donc probablement la cause de votre mal de tête. Ce genre de raisonnement fait implicitement appel à la méthode de différence. En effet, vous avez comparé vos activités de la journée avec celles d'une journée typique, et avez essayé d'identifier une différence qui pourrait expliquer pourquoi vous avez mal à la tête en ce moment.

La méthode de concordance

Supposons qu'un certain événement E se produise dans différentes situations S_1, S_2, S_3, etc. Pour simplifier, nous allons supposer qu'il n'y a que deux situations, S_1 et S_2. La méthode de concordance peut nous permettre de déterminer la cause de E. Elle consiste à énumérer toutes les conditions présentes dans les deux situations (avant que E se produise) et à rechercher une condition commune aux deux. Supposons que qu'on ait :

S_1 : A, B, C, D E se produit
S_2 : D, F, G, H E se produit

La seule concordance entre les deux situations est la présence du facteur D. Nous pouvons donc conclure que D est la cause de E. Autrement dit, puisque D est le seul facteur commun entre les deux situations avant l'apparition de E, D est la cause de E.

Cette méthode est très difficile à appliquer en pratique, car il est extrêmement rare que deux situations n'aient qu'un seul facteur en commun. En pratique, nous faisons souvent appel à nos connaissances préalables pour exclure certains facteurs communs de la liste des causes possibles.

> Cinq personnes vont manger ensemble au restaurant. Quelques heures plus tard, elles ont toutes des nausées. En faisant la liste de ce qu'elles ont mangé, elles se rendent compte que le seul plat commun était la macédoine à la mayonnaise. En faisant l'hypothèse que les nausées sont dues à ce qu'elles ont mangé au restaurant, elles concluent que la macédoine à la mayonnaise est la cause de leur malaise.

Mill lui-même reconnaissait que ce genre de raisonnement est critiquable. La principale difficulté est liée au fait que des situations différentes ont souvent un nombre important de conditions communes. Les cinq personnes de l'exemple précédent vivent toutes dans le même pays, parlent toutes la même langue, ont toutes des bras, ont moins de cent ans, etc. L'existence de ces facteurs communs n'est peut-être pas si problématique, puisqu'on peut raisonnablement croire que les nausées ne sont dues à aucun de ceux-ci. D'autres facteurs communs ne sont cependant pas si faciles à éliminer. Les cinq personnes ont toutes respiré le même air lorsqu'elles étaient dans le restaurant. Par ailleurs, il est possible que durant la journée, elles aient toutes été exposées à un certain élément nocif, comme de l'eau contaminée. Même si on accepte l'hypothèse selon laquelle les nausées sont dues au repas consommé au restaurant, il n'est pas exclu qu'elles aient été causées par l'ingestion d'un ingrédient commun aux autres plats que ces personnes ont mangés. Supposons en effet que chacun ait consommé un potage différent, mais que tous les potages du restaurant contiennent un ingrédient commun dont la fraîcheur est douteuse. Ce genre de possibilités montre que le nombre de concordances observées entre différentes situations peut varier selon le niveau de description choisi : une description microscopique, par exemple, peut certainement révéler des concordances qui ne sont pas observables à l'œil nu. La méthode de concordance a donc de sérieuses limites. Heureusement, il est possible d'approfondir l'enquête en la combinant avec la méthode de différence.

La méthode réunie de concordance et de différence

La méthode réunie de concordance et de différence consiste en l'application simultanée des deux méthodes. Il s'agit donc de comparer des situations dans lesquelles un certain événement E se produit avec des situations dans lesquelles E ne se produit pas. La cause de E est le facteur qui est présent lorsque E est présent, et absent lorsque E est absent.

Considérons les trois situations suivantes :

S_1 : A, B, C, D E se produit
S_2 : C, D, F, G E se produit
S_3 : B, C, G, H E ne se produit pas

Comme D est le seul facteur qui est présent lorsque E est présent et absent lorsque E est absent, D est la cause de E. Notons que la méthode de concordance n'aurait pas permis à elle seule d'identifier la cause de E, puisque C est aussi un facteur commun à S_1 et S_2. La méthode de différence n'aurait pas suffi elle non plus à identifier la cause, puisqu'il y a plus d'une différence entre S_1 et S_3 (A et D), et entre S_2 et S_3 (D et F).

Cette méthode peut être illustrée à l'aide d'une version modifiée de l'exemple du restaurant. Supposons que parmi les cinq personnes, seulement trois aient des nausées. Parmi les repas consommés par ces trois personnes, il y avait deux plats communs : la macédoine à la mayonnaise et le steak tartare. Or, il se trouve que les deux autres personnes ont aussi mangé de la macédoine à la mayonnaise mais pas de steak tartare. Si l'enquête montre qu'il n'y a pas d'autres facteurs présents chez les trois personnes qui sont malades et absents chez les deux autres, nous avons de bonnes raisons de croire que le steak tartare est la cause de la nausée. Si l'on n'avait eu recours qu'à la méthode de concordance, il n'aurait pas été possible de trancher entre les deux facteurs communs aux trois personnes malades. L'application simultanée de la méthode de concordance et de la méthode de différence permet d'éliminer la macédoine à la mayonnaise. Elle permet aussi d'exclure l'air du restaurant et les ingrédients communs à tous les plats qui ont été consommés.

La méthode des variations concomitantes

Les trois méthodes précédentes visent à déterminer quelles sont les relations causales entre des événements discrets. La méthode des variations concomitantes porte sur les liens causaux entre des quantités variables. Cette méthode consiste à faire varier un facteur et à noter si cette variation est suivie de la variation d'un autre facteur. S'il y a variation concomitante des deux facteurs, autrement dit si la variation de l'un est toujours suivie d'une variation proportionnelle de l'autre, alors nous avons de bonnes raisons de croire que le premier facteur est la cause du second. Si l'augmentation d'un facteur est suivie d'une augmentation de l'autre, la variation entre les deux facteurs est **directement proportionnelle**. Elle est **inversement proportionnelle** si l'augmentation d'un facteur est suivie d'une diminution de l'autre.

On sait aujourd'hui que des émissions excessives de plomb dans l'atmosphère peuvent causer le saturnisme, c'est-à-dire l'intoxication par le plomb. Une telle intoxication est associée à la diminution des aptitudes intellectuelles, en particulier chez les enfants. Supposons que nous ayons recueilli les données suivantes dans différentes régions à travers le pays :

Concentration moyenne de plomb dans le sang chez les enfants (en microgrammes par décilitre)	Pourcentage d'enfants ayant des troubles d'apprentissage
S_1 : 4	0,5
S_2 : 10	1,1
S_3 : 17	2,3
S_4 : 23	5,7
S_5 : 30	12,4

Ces données sont fictives et nous avons supposé, pour simplifier, que les autres facteurs susceptibles d'avoir un impact sur les aptitudes d'apprentissage des enfants sont toujours au même niveau. Nous pourrions ainsi poursuivre notre enquête en tenant compte de l'impact de ces autres facteurs. Nos résultats permettent toutefois de conclure que le niveau moyen de concentration de plomb dans le sang a un effet directement proportionnel sur le pourcentage des enfants qui éprouvent des troubles d'apprentissage.

La méthode des variations concomitantes est très répandue en science. Par exemple, on a noté il y a fort longtemps que la quantité demandée d'un bien décroît généralement lorsque son prix augmente. Il est assez naturel d'expliquer cette relation inversement proportionnelle en invoquant un lien de cause à effet : la hausse du prix d'un bien incite les gens à réduire leur consommation de ce bien.

La méthode des variations concomitantes est similaire à la méthode de différence. Celle-ci nous invite à rechercher une différence entre deux situations qui puisse expliquer le fait qu'un certain événement se produit dans une seule de ces deux situations. De façon analogue, lorsque nous appliquons la méthode des variations concomitantes, nous tentons d'identifier une différence entre deux (ou plusieurs) situations. Mais il s'agit ici d'une *différence de degré*. La cause et l'événement dont on cherche la cause sont présents en plus ou moins grande quantité selon la situation, et non pas simplement présents ou absents selon la situation.

L'exemple de l'effet du plomb sur les troubles d'apprentissage permet de constater aisément la similitude entre les deux méthodes. Au lieu de comparer cinq situations, on pourrait simplement comparer la situation S_1 avec, par exemple, la situation S_5. L'événement E dont on cherche la cause serait alors le pourcentage élevé de troubles d'apprentissage. Cet événement est présent en S_5 mais pas en S_1. La seule autre différence entre ces deux situations est qu'en S_5, les enfants ont, en moyenne, une concentration élevée de plomb dans le sang. On pourrait donc conclure, conformément à la méthode de différence, qu'une concentration élevée de plomb dans le sang est la cause du pourcentage élevé de troubles d'apprentissage.

> **LES MÉTHODES DE MILL**
>
> - **Méthode de différence**
>   Méthode : comparer des situations dans lesquelles un événement E se produit avec des situations dans lesquelles E ne se produit pas.
>   Conclusion : la différence entre ces deux groupes de situations (si elle est unique) est la cause de E.
>
> - **Méthode de concordance**
>   Méthode : comparer des situations dans lesquelles un événement E se produit.
>   Conclusion : la concordance entre ces situations (si elle est unique) est la cause de E.
>
> - **Méthode réunie de concordance et de différence**
>   Méthode : comparer des situations dans lesquelles un événement E se produit avec des situations dans lesquelles E ne se produit pas.
>   Conclusion : la cause de E est l'unique facteur qui est présent lorsque E est présent, et absent lorsque E est absent.
>
> - **Méthode des variations concomitantes**
>   Méthode : observer les fluctuations de quantités variables.
>   Conclusion : si la variation de l'une est toujours suivie d'une variation proportionnelle de l'autre, alors la première quantité est la cause de la seconde.

Exercices E

Identifiez la méthode à laquelle vous devez recourir pour déterminer la cause de l'événement E. Quelle est la cause de E ?

1. S_1 : A, B, C, D E se produit
   S_2 : A, B, D E ne se produit pas
   S_3 : A, B E ne se produit pas

2. S_1 : A, B, C, D E se produit
   S_2 : D, F, G E se produit
   S_3 : H, I, J E ne se produit pas

3. S_1 : A, B, C, D E se produit
   S_2 : A, B, F, G E se produit
   S_3 : A, C, F, H E ne se produit pas

4. S_1: A, B, C, D   E se produit
   S_2: A, B, C   E se produit
   S_3: A, B, F, G   E ne se produit pas

5. S_1: A, B, C, D   E se produit
   S_2: C, D, F, G   E se produit
   S_3: B, C, G, H   E ne se produit pas

Exercices F

Identifiez la cause de l'événement décrit, ainsi que la méthode à laquelle vous devez avoir recours pour l'identifier.

1. Un certain nombre de personnes vivant dans différentes villes sont toutes atteintes d'une nouvelle maladie. Ces personnes ont de 20 à 75 ans, ont des occupations différentes, ont des habitudes très variées, etc. Cependant, toutes ont fait un voyage à l'île Cucaracha au mois de juillet. Cela est en fait la seule chose que ces gens ont en commun.
2. Lorsque les taux d'intérêt augmentent, le marché de l'immobilier est à la baisse, alors qu'il est à la hausse lorsque les taux d'intérêt diminuent.
3. Un homme reçoit une balle dans le cœur et meurt.
4. Des jumeaux identiques sont séparés à la naissance et élevés dans des milieux différents. Lorsqu'ils sont adultes, l'un est alcoolique et l'autre ne l'est pas.
5. Émilie a joué pour plusieurs équipes de hockey ces dernières années. Ces équipes étaient très diverses avant qu'Émilie les joigne : certaines avaient des fiches gagnantes, d'autres avaient des fiches perdantes. Mais toutes ces équipes avaient des fiches gagnantes lorsque Émilie jouait pour elles.
6. Des scientifiques ont étudié une très grande famille dont tous les membres sont atteints d'une maladie de peau très rare. Ils ont découvert que tous avaient un certain gène en commun. Des tests sur des individus qui ne sont pas atteints de cette maladie ont révélé qu'aucun n'a ce gène.
7. Plus je réfléchis aux questions de mon devoir de philosophie, plus j'ai mal à la tête.

NOTIONS CLÉS

Cause commune: si x cause y et z, alors x est une cause commune de y et z.

Cause nécessaire: si x est requis pour produire y, alors x est une cause nécessaire de y.

Cause nécessaire et suffisante: si x est requis pour produire y et cause toujours y, alors x est une cause nécessaire et suffisante de y.

Cause partielle: si x tend à produire y, alors x est une cause partielle de y.

Cause suffisante: si x cause toujours y, alors x est une cause suffisante de y.

Condition nécessaire: si x doit être présent pour que y soit aussi présent, alors x est une condition nécessaire de y.

Condition nécessaire et suffisante: si x se produit à chaque fois que y se produit et seulement lorsque y se produit, alors x est une condition nécessaire et suffisante de y.

Condition suffisante: si la présence de x est toujours accompagnée de celle de y, alors x est une condition suffisante de y.

Corrélation: deux phénomènes sont corrélés si la présence de l'un est toujours accompagnée, ou tend à être accompagnée, par la présence de l'autre.

Corrélation absolue: il y a corrélation absolue entre deux (ou plusieurs) quantités lorsque la valeur de l'une est entièrement déterminée par la valeur de l'autre (ou des autres).

Corrélation partielle: il y a corrélation partielle entre deux (ou plusieurs) phénomènes si la présence de l'un tend à être accompagnée par la présence de l'autre (ou des autres).

Corrélation statistique: il y a corrélation statistique entre deux quantités si les variations de l'une tendent à faire varier l'autre conformément à une certaine régularité.

Événement discret: événement qui ou bien se produit ou bien ne se produit pas.

Groupe expérimental: groupe d'individus constitué pour éprouver les effets d'une expérience.

NOTIONS CLÉS (SUITE)

Groupe témoin: groupe qui sert de point de comparaison lors d'une expérience. Lorsque celle-ci consiste à évaluer les effets d'un médicament expérimental, un placebo est administré aux membres de ce groupe.

Quantité variable: phénomène qui peut être présent à divers degrés.

Relation causale générale: relation causale qui concerne des types d'événements.

Relation causale spécifique: relation causale qui concerne deux événements particuliers uniques.

Variation directement proportionnelle: il y a variation directement proportionnelle entre deux facteurs si l'augmentation de l'un est accompagnée d'une augmentation de l'autre.

Variation inversement proportionnelle: il y a variation inversement proportionnelle entre deux facteurs si l'augmentation de l'un est accompagnée d'une diminution de l'autre.

9

Les sophismes

Un sophisme est un raisonnement fautif. Certains raisonnements fautifs tendent à être psychologiquement convaincants et sont, pour cette raison, très répandus. De nombreux sophismes ont été répertoriés par les philosophes. Dans ce chapitre, nous allons présenter certains des plus courants.

Il n'existe pas de classification universelle des sophismes. Nous avons choisi de les diviser en trois groupes, selon le type d'erreur qui est commise. Il faut garder à l'esprit que cette division n'est pas stricte, car certains raisonnements fautifs pourraient appartenir à plus d'un groupe.

1. Les prémisses non pertinentes

Certains raisonnements sont fondés sur des prémisses non pertinentes, au sens où celles-ci ont très peu à voir avec la vérité de la conclusion. Les gens continuent à avancer de tels raisonnements, car à première vue, leurs prémisses semblent appuyer la conclusion. Mais un examen attentif révèle que la vérité des prémisses n'a que très peu d'impact sur la probabilité de la conclusion. En langage courant, nous dirions que les prémisses n'ont « pas de rapport » avec la conclusion.

L'appel à la popularité

L'appel à la popularité prend deux formes. La première consiste à défendre une affirmation en invoquant le fait qu'un grand nombre de personnes croient qu'elle est vraie. Il est bien sûr *possible* qu'une croyance populaire soit vraie, mais le simple fait qu'un grand nombre de personnes partagent un certain point de vue n'entraîne pas que ce point de vue soit vrai, ou même que sa vérité soit probable. Le sophisme de l'**appel à la popularité** a alors la forme suivante :

La croyance que p est très populaire.
∴ p

En voici deux exemples :

Les êtres humains ont toujours cru en l'existence du diable. Il ne fait donc aucun doute qu'un tel être existe.

Les gens qui reçoivent de l'aide sociale sont paresseux. En effet, tout le monde sait qu'ils ne veulent pas travailler.

La seconde forme de l'appel à la popularité consiste à conclure qu'un certain comportement est acceptable, ou devrait être adopté, étant donné qu'il est très populaire.

Faire x est très populaire
∴ x est acceptable. (On devrait faire x.)

Par exemple :

Il n'y a rien de mal à tricher durant un examen. Tout le monde le fait.
Rose Fleurbleue est une auteure à succès. Tu devrais lire ses livres.

L'appel à l'autorité non qualifiée

Un grand nombre de nos croyances sont fondées sur ce que les experts nous disent. Pensons par exemple à nos connaissances en histoire, en géographie ou en science en général. En outre, nous nous en remettons souvent à autrui dans la vie quotidienne : au dentiste concernant l'état de nos dents, à l'avocat pour certains points d'une loi, au journaliste à propos des nouvelles du monde, etc. Les experts ne sont bien sûr pas infaillibles, mais lorsqu'ils sont bien choisis, on peut plus souvent qu'autrement se fier à leurs jugements. L'**appel à l'autorité non qualifiée** consiste à s'appuyer sur les dires d'un pseudo-expert ou d'un expert qui n'a pas les compétences requises dans le domaine concerné :

> Une certaine autorité (non qualifiée) affirme que p.
> ∴ p

Par exemple :

> Arnie Arnold, le célèbre acteur, recommande d'utiliser l'appareil Abplus pour développer les muscles abdominaux. Je vais m'acheter cet appareil, car je veux avoir un abdomen d'acier.

> Selon M. Béotien, mon professeur de littérature, la théorie de l'évolution n'est qu'un point de vue sur l'origine de l'humanité qui n'est pas plus valable que la mythologie grecque ou la Genèse. Comme lui, je pense qu'il n'y a aucune raison d'admettre cette théorie.

L'appel à une autorité concernant une question qui relève de son domaine d'expertise n'est pas acceptable non plus si cette question est controversée ou si le point de vue exprimé par l'autorité est minoritaire. Plusieurs questions éthiques ou politiques, par exemple, sont controversées, et il est très peu fructueux de s'appuyer uniquement sur l'opinion d'un spécialiste pour défendre une certaine position.

> Il était justifié de détruire Hiroshima avec une bombe atomique lors de la Deuxième Guerre mondiale. À preuve, le professeur Tournedos, un spécialiste de ce conflit, est du même avis.

Un tel appel à l'autorité est stérile et n'éclaire aucunement cette question complexe.

L'attaque contre la personne

Le sophisme de l'**attaque contre la personne** consiste à discréditer un point de vue en s'attaquant à la personne qui le soutient. Autrement dit, au lieu d'évaluer les raisons invoquées par un individu pour défendre son opinion, on s'en prend à sa personne elle-même.

> A soutient que p.
> A a le trait négatif F.
> ∴ Non p

Une grande diversité de traits négatifs peuvent être signalés par les auteurs de ce sophisme. Il importe de garder à l'esprit que la question n'est pas de savoir si le trait *F* est négatif, ou si *A* a réellement le trait *F*, mais plutôt de savoir si l'auteur du sophisme attribue à *A* le trait *F* qu'il tient pour négatif.

Le cas classique de l'attaque contre la personne est celui où, pour discréditer un point de vue, on s'en prend au caractère de celui qui l'avance :

> Laurin est une vraie mégère. Son projet de loi doit être rejeté.

L'attaque contre la personne peut aussi attirer l'attention sur la situation particulière de l'individu qui soutient un point de vue :

> Le vendeur m'a dit que cette voiture est fiable. Mais comme il a intérêt à me la vendre, j'en conclus qu'elle n'est pas fiable.

Il n'est pas déraisonnable de mettre en doute le point de vue avancé par quelqu'un qui tirerait un avantage personnel de la vérité de ce point de vue. Mais c'est aller trop loin que d'affirmer que ce point de vue doit être faux. Dans l'exemple qui vient d'être donné, une conclusion plus acceptable aurait été : « Je n'ai pas de bonnes raisons de croire que la voiture est fiable ».

L'attaque contre la personne peut aussi consister à dénoncer des actions qui ne sont pas liées à la vérité du point de vue en soi :

> Certains opposants à l'avortement insultent les femmes qui fréquentent les cliniques d'avortement et agressent les médecins qui effectuent des avortements. Je suis donc en faveur de l'avortement.

Comme il est tout à fait possible d'être contre l'avortement sans commettre ces actes hostiles, les prémisses avancées offrent un piètre soutien à la conclusion.

Finalement, une attaque contre la personne peut être indirecte et consister à comparer la position défendue par quelqu'un à une position similaire soutenue par d'autres individus tenus pour peu respectables ou peu crédibles.

> Le végétarisme de LeBœuf est suspect : Hitler aussi était végétarien.

Notons tout de même qu'une attaque contre la personne peut être pertinente, si le trait négatif attribué à l'individu affecte la crédibilité de ses propos. Il est par exemple raisonnable de douter des assertions d'un menteur chronique ou d'un dément. On a d'ailleurs souvent recours à cette stratégie lors d'un contre-interrogatoire durant un procès. Cependant, une attaque contre la personne adéquate ne doit pas amener la conclusion que le point de vue de l'individu discrédité est faux; elle doit plutôt faire conclure qu'on n'a pas de bonnes raisons de croire que ce point de vue est vrai.

La caricature

Le sophisme de la **caricature** consiste à simplifier ou à radicaliser une position adverse de façon à la rendre plus facile à critiquer. Comme la position adverse a été mal décrite, la critique formulée ne la concerne pas réellement :

> La personne A soutient que *p*.
> *p* est équivalent à *q* (où *q* est manifestement problématique).
> ∴ Non *p*

L'erreur de ce sophisme réside dans la seconde prémisse, c'est-à-dire dans l'assimilation de *p* à *q*, qui ne respecte pas la complexité ou le caractère nuancé de *p*.

Ce sophisme est très commun en politique. Il n'est pas rare d'entendre un politicien se moquer du point de vue d'un autre politicien en en donnant une caractérisation peu fidèle :

> Votre projet politique a deux phases : réduire les impôts des riches et éliminer les programmes sociaux.

À l'époque de Darwin, il n'était pas rare d'entendre :

> La théorie de l'évolution est farfelue, car elle revient à dire que nos ancêtres étaient des singes.

L'appel aux émotions

Le sophisme de l'**appel aux émotions** consiste à s'appuyer sur les émotions ou les sensations plutôt que sur la raison pour défendre un point de vue. L'appel aux émotions peut concerner les émotions de l'auteur lui-même ou celles de ses interlocuteurs. Dans le premier cas, la forme la plus simple de ce sophisme est :

Je sens que *p*.
∴ *p*

Par exemple :

Les Ornithorynques vont gagner ce soir. Je le sens.

Par ailleurs, on fait parfois appel aux émotions des autres plutôt qu'à leur raison pour les convaincre de quelque chose. Une forme commune est la suivante :

Si vous êtes à l'écoute de vos émotions, vous allez être d'accord avec moi que *p*.
∴ *p*

Par exemple :

Si je n'obtiens pas un A à votre cours, je vais perdre ma bourse et ne pourrai jamais réaliser mon rêve de devenir cosmonaute. Vous ne voudriez certainement pas me causer un tel malheur.

J'ai eu une vie très difficile. Vous ne devriez pas croire ceux qui vous disent que j'ai volé l'argent de la caisse.

Si tu aimes ton pays, tu seras d'accord avec moi que nous devons entrer en guerre contre la Ruritanie.

Il ne faudrait pas penser que l'appel aux émotions ou aux sensations n'est jamais approprié. Celles-ci sont en effet une source importante de savoir.

Comment est-ce que je sais que j'ai une blessure à la main ? Parce que je *sens* que j'ai mal à la main !

Docteur, je sais que je suis anxieux. Je ne cesse de m'inquiéter de ma santé, de mes études et de ma situation financière.

Exercices A

Identifiez les sophismes commis dans les passages suivants. Justifiez votre réponse.

Liste des sophismes : l'appel à la popularité ; l'appel à l'autorité non qualifiée ; l'attaque contre la personne ; la caricature ; l'appel aux émotions.

1. Nous espérons que vous allez accepter notre rapport. Nous avons travaillé très fort durant les quatre derniers mois pour le produire.
2. Il n'y a rien de mal à manger de la viande. La vaste majorité de la population mange de la viande.
3. Tu ne crois pas en Dieu ? Les communistes non plus ne croient pas en Dieu.
4. Le contrôle des armes à feu est inacceptable. Charlton Heston lui-même s'oppose à un tel contrôle.
5. Le projet de Morin d'accorder des crédits d'impôt aux femmes qui élèvent leurs enfants à la maison doit être rejeté, car Morin, qui s'occupe de ses trois enfants à la maison, serait la première à en bénéficier.
6. Les travaux et les examens sont une bonne chose, car depuis que notre école existe, les élèves ont toujours dû faire des travaux et des examens.
7. Faucher s'oppose à la prière à l'école. Manifestement, il prône l'athéisme et l'instauration d'un état tyrannique qui interdit toute religion.
8. Nous avons de bonnes raisons de croire que les effets paranormaux existent, car Arthur Bennington, le célèbre physicien, croyait en leur existence.

2. Les inductions fautives

Les inductions fautives sont inadéquates non pas parce que leurs prémisses ne sont pas pertinentes, mais parce que le lien entre les prémisses et la conclusion est trop faible. Certaines des formes abordées ici ont été présentées aux chapitres 7 et 8.

La preuve par l'ignorance

La **preuve par l'ignorance** consiste à soutenir que puisqu'il n'existe pas de preuve qu'une certaine affirmation est fausse, celle-ci doit être vraie, ou encore à conclure qu'une affirmation doit être fausse puisqu'on n'a pas démontré sa vérité. Ce sophisme a donc deux formes :

Il n'y a pas de preuve que non p.   Il n'y a pas de preuve que p.
∴ p ∴ Non p

Par exemple :

> On n'a jamais été capable de démontrer l'existence des extraterrestres. Les extraterrestres n'existent donc pas.

> La science et la philosophie ne seront jamais capables de démontrer l'impossibilité de la magie. Voilà pourquoi je crois en l'existence de ce phénomène.

> Laroche est un politicien malhonnête. Prouve-moi que j'ai tort !

Une preuve par l'ignorance peut être adéquate dans certains contextes :

> Les médecins n'ont pas détecté de traces de poison dans le sang. Il n'y avait donc pas de poison dans le sang.

Ce raisonnement devient adéquat lorsqu'on lui ajoute la prémisse plausible suivante :

> Les techniques utilisées par les médecins permettent généralement de détecter la présence de poison dans le sang.

Le sophisme du joueur

Certaines personnes croient que si un événement s'est produit très souvent dernièrement, la probabilité qu'il se produise de nouveau est beaucoup moindre, et qu'inversement, le fait qu'un événement ne s'est pas produit souvent récemment augmente la probabilité qu'il se produise dans un avenir proche. Ces personnes commettent le **sophisme du joueur**, qui a deux formes :

> L'événement x s'est produit souvent dernièrement.
> ∴ La probabilité que x se produise de nouveau est faible.

> L'événement x ne s'est pas produit souvent dernièrement.
> ∴ La probabilité que x se produise de nouveau est élevée.

Ce sophisme est assez répandu parmi les amateurs de jeux de hasard. Dans leur esprit, c'est comme si un dé ou une pièce de monnaie avait une mémoire des coups précédents et tentait de régler chaque coup futur de façon à obtenir une répartition égale des divers résultats possibles.

Les cinq dernières fois que j'ai lancé la pièce de monnaie, elle est tombée sur pile. Il est donc peu probable qu'elle tombe sur pile la prochaine fois que je la lance.

Le sophisme du joueur est aussi commis dans d'autres contextes :

Il a plu tous les jours la semaine dernière. Il ne devrait pas pleuvoir très souvent cette semaine.

Comme les Hippocampes sont invaincus en dix matchs, ils vont probablement perdre ce soir.

Notons que certains jeux de hasard sont construits de telle façon que les événements passés puissent avoir un impact sur les probabilités futures. Imaginons en effet qu'on ait placé 50 balles rouges et 50 balles bleues dans une urne, et qu'on ait bien agité celle-ci, de sorte que chaque balle a une chance égale d'être tirée. Supposons que les cinq premières balles tirées de l'urne soient rouges. Comme ces cinq balles n'ont pas été replacées dans l'urne, la probabilité que la prochaine balle que l'on tire soit rouge est plus faible qu'elle ne l'était initialement. En effet, puisque seulement 45 des 95 balles restantes sont rouges, la probabilité que la prochaine balle tirée soit rouge est maintenant d'environ 47 %. Dans ce contexte, le raisonnement inductif suivant serait adéquat :

Plusieurs jeux de cartes permettent des raisonnements de ce genre.

La généralisation hâtive

La généralisation statistique (chapitre 7, section 3) a la forme suivante :

Comme les cinq premières balles tirées de l'urne étaient rouges, la prochaine sera bleue.

n pour cent des m membres d'un échantillon aléatoire de F sont G.
∴ Environ n pour cent des F sont G.

Pour qu'un tel raisonnement soit acceptable, l'échantillon sur lequel il est fondé doit être aléatoire et suffisamment grand. On a affaire à une **généralisation hâtive** lorsque l'échantillon ne satisfait pas à ces deux critères :

n pour cent des membres d'un échantillon (inadéquat) de F sont G.
∴ Environ n pour cent des F sont G.

La forme la plus commune de la généralisation hâtive est sans doute le cas simple suivant :

On a observé que certains *F* sont *G*.
∴ Tous les *F* sont *G*.

Par exemple :

L'autre jour, un jeune portant un anneau de nez m'a volé mon porte-monnaie. Il faut se méfier des jeunes qui portent des anneaux de nez : ce sont des voleurs.

Aucun de mes amis n'a l'intention de voter pour Hébert aux prochaines élections. Hébert ne sera donc pas réélu.

Les stéréotypes racistes ont souvent leur origine dans des sophismes de ce genre : on observe un trait de personnalité chez certains membres d'un groupe ethnique et on conclut que tous les membres de ce groupe (ou la plupart d'entre eux) ont ce trait.

L'analogie défectueuse

Le raisonnement par analogie (chapitre 7, section 5) a la forme suivante :

A et *B* possèdent tous deux les traits F_1, F_2, F_3, ...
A possède aussi le trait *G*.
∴ *B* possède le trait *G*.

Un tel raisonnement est adéquat si le degré d'analogie entre *A* et *B* est élevé et si les traits de ressemblance sont pertinents. Il s'agit d'une **analogie défectueuse** lorsque l'une de ces conditions n'est pas satisfaite. Il n'y a pas de règle précise permettant de déterminer si une analogie est défectueuse ou non, mais nos connaissances générales nous permettent souvent d'évaluer la pertinence des traits de ressemblance. Voici quelques exemples d'analogies défectueuses :

La crème à raser ressemble beaucoup à la crème fouettée. Elles devraient donc toutes deux avoir le même goût.

Mon premier patron avait les cheveux roux et il était incompétent. Mon nouveau patron a lui aussi les cheveux roux. C'est pourquoi je crains qu'il soit lui aussi incompétent.

Notons que le second exemple pourrait aussi être considéré comme une généralisation hâtive, puisque la conclusion semble s'appuyer sur l'idée selon laquelle toutes les personnes aux cheveux roux sont incompétentes.

Le lien causal douteux

Une des leçons du chapitre 8 est qu'il ne faut pas confondre une corrélation entre deux phénomènes avec une relation causale. Le sophisme du **lien causal douteux** consiste à soutenir qu'il y a un lien de cause à effet entre deux phénomènes simplement parce que ces deux phénomènes se produisent l'un à la suite de l'autre.

> Il y a une corrélation entre x et y.
> ∴ x est la cause de y.

Pour qu'une telle induction soit adéquate, il faut s'assurer d'avoir exclu les possibilités suivantes :

(1) Il n'y a qu'un simple lien conceptuel entre x et y.

> Un adulte non marié est toujours présent lorsqu'un célibataire est présent.

Cette corrélation s'explique par le fait qu'un célibataire est, par définition, un adulte non marié.

(2) y est la cause de x.

> Une corrélation est observée entre une certaine maladie chez les morues et la présence d'un parasite.

On serait tenté de conclure que le parasite est la cause de cette maladie, mais il est aussi possible que la maladie affaiblisse la morue au point de la rendre vulnérable à la prolifération du parasite. Dans un tel cas, la maladie serait la cause de la présence du parasite et non l'inverse.

(3) x et y ont une cause commune.

> La fièvre est corrélée à la présence d'une éruption cutanée.

Si une personne a la rougeole, alors sa fièvre et son éruption cutanée sont toutes deux causées par un certain virus.

(4) La corrélation est une simple coïncidence.

> Chaque fois que je porte mon sombrero durant un examen, j'obtiens une bonne note.

Il n'y a sans doute pas de lien de cause à effet entre le port du sombrero et l'obtention d'une bonne note (à moins bien sûr que l'étudiant ne se serve de son sombrero pour tricher). La corrélation entre les deux phénomènes est donc probablement une coïncidence.

Exercices B

Identifiez les sophismes commis dans les passages suivants. Justifiez votre réponse.
Liste des sophismes : la preuve par l'ignorance ; le sophisme du joueur ; la généralisation hâtive ; le lien causal douteux ; l'analogie défectueuse.

1. Je suis sûr que les fantômes existent. On ne sera jamais capable de démontrer qu'ils n'existent pas.
2. Les pommes au-dessus du panier ont l'air bonnes et fraîches. Les pommes de ce panier sont donc bonnes et fraîches.
3. J'ai pris une cuillerée du sirop du docteur Charles Latan et deux jours plus tard, je n'avais plus le rhume. Ce sirop est vraiment efficace.
4. L'année dernière, j'ai perdu mon emploi, mon mari m'a quittée et mon père est mort. Aucun malheur ne m'arrivera cette année.
5. Notre danse de la pluie a marché. Nous l'avons entamée il y a une heure et maintenant il pleut.
6. Un procès est comme un match de hockey. Au hockey, l'important est de gagner et si l'on triche sans se faire prendre, tant mieux. Un bon avocat devrait avoir la même attitude.

3. Les raisonnements mal construits

Plusieurs sophismes tiennent à une faute dans la construction du raisonnement. Les auteurs de tels sophismes sont parfois accusés de « manquer de logique ».

L'équivoque

Plusieurs mots de la langue française ont plus d'une signification. Le mot « pied », par exemple, peut désigner la partie inférieure de la jambe ou une unité de mesure de longueur. En général, le contexte permet de déterminer laquelle de ses différentes significations possibles un mot exprime. Il arrive cependant que les diverses significations d'un mot ne soient pas nettement distinguées dans un même contexte. Le sophisme de l'**équivoque** est un raisonnement dans lequel la signification d'un mot varie d'une occurrence à l'autre et dont les prémisses pourraient soutenir la conclusion si l'on n'attribuait qu'une seule signification à ce mot.

> La connaissance, c'est le pouvoir.
> Le pouvoir tend à corrompre.
> ∴ La connaissance tend à corrompre.

Il y a quelque chose qui cloche dans ce raisonnement. Dans la première prémisse, le mot « pouvoir » semble signifier « le fait de disposer de moyens permettant d'accomplir certaines actions ». Cette prémisse dit donc quelque chose comme « La connaissance donne les moyens d'accomplir certaines actions », ce qui est plausible. Dans la seconde prémisse, le mot « pouvoir » semble signifier « la situation de celui qui dirige ». Si c'est le cas, la seconde prémisse, bien qu'un peu controversée, est tout de même vraisemblable. Mais si les deux interprétations que nous venons de proposer sont correctes, alors les prémisses n'appuient aucunement la conclusion, puisqu'elles n'ont aucun lien entre elles. Ces deux prémisses seraient liées si le mot « pouvoir » y avait la même signification, mais dans un tel cas, au moins l'une d'entre elles serait invraisemblable. Par conséquent, ou bien le mot « pouvoir » a deux significations différentes dans le raisonnement et celui-ci est nettement inadéquat, ou bien ce mot a la même signification et au moins l'une des prémisses est fausse.

Voici un autre exemple :

> Hier soir, j'ai fait mon devoir de physique. Une personne qui fait son devoir est moralement bonne. J'étais donc moralement bon hier soir.

Le sophisme de l'équivoque peut aussi résulter d'une ambiguïté entre l'usage d'un mot et sa mention :

> Les patriotes se battaient pour la liberté. Mais la liberté n'est qu'un mot. Les patriotes ne se battaient donc que pour un mot.

Dans la première prémisse, le mot « liberté » est utilisé pour désigner une certaine condition politique dans laquelle des contraintes considérées comme illégitimes sont supprimées. Mais dans la seconde prémisse, le mot « liberté » désigne non pas une condition politique, mais un mot de la langue française. Le défaut de ce raisonnement est donc qu'il confond l'**usage** d'un mot avec sa **mention**. On peut faire *usage* du mot « liberté », en l'utilisant pour parler de la liberté, mais on peut aussi *mentionner* ce mot pour parler de l'entité linguistique elle-même (plutôt que ce à quoi elle renvoie). Normalement, lorsqu'on mentionne un mot, on doit le mettre entre guillemets. Pour que les prémisses du raisonnement soient plausibles, il faudrait le réécrire de la façon suivante :

> Les patriotes se battaient pour la liberté. Mais « liberté » n'est qu'un mot. Les patriotes ne se battaient donc que pour un mot.

L'ajout des guillemets permet de constater aisément que les prémisses n'entraînent aucunement la conclusion.

La composition et la division

On commet le sophisme de la **composition** lorsqu'une propriété des parties d'un tout est attribuée à ce tout :

Les parties de x sont F. (Ou : Certaines parties de x sont F.)
∴ x est F.

Par exemple :

Notre équipe est la meilleure car elle a les meilleurs joueurs.

Il n'est pas rare qu'une équipe dont les joueurs excellent individuellement ne réussit pas très bien, car ceux-ci n'arrivent pas à bien jouer ensemble. Voici deux autres exemples :

Toutes les pièces de votre voiture sont en bon état. Votre voiture est donc elle-même en bon état.

Ce plat va certainement être bon, puisque j'ai utilisé de bons ingrédients.

Le sophisme de la **division** est l'erreur inverse. On attribue aux parties une certaine propriété en s'appuyant sur le fait que le tout possède cette propriété :

x est *F*.
∴ Les parties de *x* sont *F*. (Ou : Certaines parties de *x* sont *F*.)

Par exemple :

La Suisse est un pays riche. Hans, qui est suisse, est donc riche.

Il y a des exemples un peu plus subtils (et parfois quelque peu obscurs) du sophisme de la division :

> Notre compagnie d'assurances a été fondée il y a 35 ans. Nos agents ont donc beaucoup d'expérience.

Ce raisonnement n'est pas très clair, mais il semble suggérer que puisque la compagnie vend de l'assurance depuis 35 ans, ses agents vendent eux aussi de l'assurance depuis 35 ans ou, à tout le moins, depuis plusieurs années, ce qui n'est pas nécessairement le cas.

Le faux dilemme

Un dilemme est une situation dans laquelle nous devons choisir entre deux options. Cela suppose que les deux options sont exhaustives et exclusives. Deux options sont **exhaustives** si elles contiennent toutes les possibilités d'une situation donnée. Dans « Ou bien je vais au cinéma, ou bien je ne vais pas au cinéma », les deux options sont exhaustives, alors que dans « Ou bien je vais au cinéma, ou bien je reste à la maison », elles ne le sont pas, puisque je pourrais aller jouer aux quilles par exemple. Deux options sont **exclusives** s'il n'est pas possible de les choisir toutes les deux. Dans les deux exemples précédents, les options sont exclusives, alors que dans « Je mâche de la gomme ou je regarde la télé », les deux options ne sont pas exclusives.

Le sophisme du **faux dilemme** est commis lorsqu'on propose un raisonnement qui présente deux options comme exhaustives et exclusives alors qu'elles ne le sont pas. Autrement dit, un tel sophisme suppose à tort l'existence d'un dilemme. Dans sa forme la plus simple, le sophisme du faux dilemme procède comme suit :

p ou *q*
Non *p*
∴ *q*

On reconnaît ici le syllogisme disjonctif (chapitre 4, section 3). L'erreur de ce raisonnement ne réside pas dans le lien entre les prémisses et la conclusion, puisqu'il est valide. Le sophisme réside plutôt dans le caractère douteux de la disjonction.

> Ou bien vous êtes avec nous ou bien vous êtes contre nous. Comme il est de plus en plus évident que vous n'êtes pas avec nous, je dois conclure que vous êtes contre nous.

Les deux options présentées dans la première prémisse ne sont pas exhaustives : en effet, l'interlocuteur pourrait avoir choisi de rester neutre.

Dans certains cas, le faux dilemme est implicite :

> J'ai accepté d'être briseur de grève parce que je préfère cela au chômage.

L'auteur admet implicitement qu'il n'avait que deux options, à savoir être briseur de grève ou être au chômage, ce qui est douteux.

Le faux dilemme peut bien sûr impliquer des options qui ne sont pas exclusives :

> Je suis contre l'aide internationale : au lieu de s'occuper des enfants pauvres d'Afrique, il faudrait s'attaquer à la pauvreté qui affecte nos enfants canadiens.

Ce raisonnement suppose à tort qu'on ne peut aider à la fois les enfants africains et les enfants canadiens. Il a une forme légèrement différente de celle du syllogisme disjonctif :

p ou q
p
∴ Non q

Un raisonnement de cette forme n'est valide que si la première prémisse est une disjonction exclusive (chapitre 4, section 1). Voici un autre exemple :

> Pourquoi je prendrais le transport en commun ? J'ai une voiture.

Notons finalement que des options peuvent être exhaustives et exclusives dans un certain contexte, bien qu'elles ne soient pas *logiquement* exhaustives et exclusives. Le caractère exhaustif et exclusif de deux options peut par exemple dépendre de certaines contraintes pratiques : il peut se faire qu'étant donné le programme auquel vous êtes inscrit, le nombre de crédits que vous devez prendre, votre horaire, etc., vous deviez choisir entre un cours de macramé sous-marin et un cours de dégustation de bière d'épinette. Dans un tel cas, un raisonnement s'appuyant sur la prémisse « Ce semestre, je vais ou bien faire du macramé sous-marin ou bien déguster de la bière d'épinette » ne commettrait pas le sophisme du faux dilemme.

La pétition de principe

Pour qu'elles soient satisfaisantes, les prémisses d'un raisonnement ne doivent pas elles-mêmes s'appuyer sur la conclusion, autrement le raisonnement est circulaire. On commet une **pétition de principe** lorsque les raisons qu'on invoque pour soutenir une affirmation présupposent la vérité même de cette affirmation.

Une pétition de principe peut avoir la forme simple suivante :

p (ou un énoncé plus ou moins synonyme de p)
∴ p

Par exemple :

Les jujubes vert lime sont meilleurs que les jujubes rose saumon, car les jujubes rose saumon sont moins bons que les jujubes vert lime.

Une pétition de principe peut être un peu plus subtile et avoir la forme suivante :

q (où q s'appuie sur p, ou présuppose que p est vrai)
…
∴ p

Les points de suspension indiquent que le raisonnement pourrait comporter d'autres énoncés.

Voici un exemple classique :

Dieu existe, car la Bible dit très clairement que Dieu existe. Or, ce que dit la Bible est vrai, car elle est l'œuvre de Dieu.

Cette « preuve » de l'existence de Dieu présuppose que Dieu existe, puisque la prémisse selon laquelle la Bible est l'œuvre de Dieu ne peut être vraie que si Dieu existe.

La pente savonneuse

Plusieurs de nos concepts n'ont pas de frontières bien délimitées. Il ne semble pas qu'il y ait de démarcation nette entre les surfaces rouges et les surfaces orange, ou entre les hommes barbus et les hommes imberbes. Cela ne veut évidemment pas dire qu'il n'y ait pas de différence entre le rouge et l'orange, ou entre être barbu et être imberbe. Le sophisme de la **pente savonneuse** consiste à soutenir que puisque les éléments voisins d'un continuum ne diffèrent que légèrement entre eux, il n'y a pas de différence importante entre deux éléments quelconques de ce continuum, peu importe la distance qui les sépare :

> x_1 est F.
> Il n'y a pas de différence importante entre x_2 et x_1.
> Il n'y a pas de différence importante entre x_3 et x_2.
> ...
> Il n'y a pas de différence importante entre x_{n+1} et x_n.
> ∴ x_{n+1} est F.

Il est possible que toutes les prémisses de ce raisonnement soient vraies sans que la conclusion le soit aussi. Le raisonnement néglige le fait que lorsqu'elles sont ajoutées les unes aux autres, des différences minimes peuvent constituer une différence très importante. Il est toutefois difficile de résister à ce genre de raisonnements, puisque souvent, il n'est pas facile de savoir où fixer les limites :

> Un nouveau-né est évidemment une personne qu'il serait moralement inacceptable de tuer. Mais il n'y a qu'une différence minime entre un nouveau-né et un bébé juste avant l'accouchement. Ce dernier est donc une personne. Soustrayons quelques jours à l'âge de ce fœtus, et nous avons encore une personne. La différence entre une personne et une non-personne ne peut en effet consister en de telles différences mineures. Cette réflexion, répétée à plusieurs reprises, mène inévitablement à la conclusion qu'un ovule qui vient d'être fécondé est lui aussi une personne. L'avortement est donc moralement inacceptable en tout temps.

La question de savoir à quel moment précis un être humain au sens biologique devient une personne au sens moral n'est pas simple et nous n'essaierons pas de la résoudre ici. Cependant, le raisonnement ci-dessus est irrecevable, car on ne peut supposer, sans fournir d'argument, que puisqu'un nouveau-né est une personne et qu'il y a un continuum entre un nouveau-né et un ovule qui vient d'être fécondé, ce dernier est aussi une personne. Cette erreur est analogue à celle qu'on commettrait si l'on soutenait que puisqu'il y a un continuum entre une personne chauve et une personne hirsute, les deux sont chauves (ou les deux sont hirsutes).

On confond parfois le sophisme de la pente savonneuse avec le **raisonnement par effet d'entraînement**, qui soutient qu'on ne devrait pas admettre une certaine situation, non pas parce qu'elle est elle-même problématique, mais parce que son adoption risque d'avoir des conséquences qui sont nettement inacceptables. Alors que le sophisme de la pente savonneuse repose sur le caractère vague d'un certain concept, le raisonnement par effet d'entraînement suppose l'existence d'une réaction en chaîne qu'il vaudrait mieux ne pas déclencher :

Si nous faisons x_1, alors x_2 va se produire.
Si x_2 se produit, alors x_3 va se produire.
Si x_3 se produit, alors x_4 va se produire.
...
Si x_n se produit, alors x_{n+1} va se produire.
x_{n+1} est nettement inacceptable.
∴ Nous ne devrions pas faire x_1.

Un raisonnement de ce genre n'est pas un sophisme. Il n'y a en effet aucune erreur de raisonnement qui est manifeste dans la forme que l'on vient de présenter. Cela ne veut pas dire qu'un raisonnement par effet d'entraînement est toujours bien fondé. Certaines de ses prémisses peuvent être douteuses. En effet, il n'est pas rare qu'un raisonnement par effet d'entraînement fasse une conjecture quelque peu alarmiste :

> Il est peut-être acceptable de donner une injection létale à un malade en phase terminale. Mais si nous permettons ce genre de pratiques, tôt ou tard, cela va mettre en branle un projet eugénique qui visera à éliminer les gens âgés, les handicapés mentaux et les membres de minorités ethniques.

Exercices C

Identifiez les sophismes commis dans les passages suivants. Justifier votre réponse.

Liste des sophismes : l'équivoque ; la composition ; la division ; le faux dilemme ; la pétition de principe ; la pente savonneuse.

1. Il ne fait aucun doute que le cerveau humain est conscient. Comme un cerveau est un réseau de neurones, les neurones eux-mêmes sont aussi conscients.
2. Les criminels ne sont pas humains, car ils sont très peu compatissants à l'égard de leurs victimes. Seuls les humains ont l'intelligence requise pour être tenus responsables de leurs actes. Par conséquent, les criminels ne peuvent être tenus responsables de leurs actes.
3. Pourquoi je pense que diminuer les impôts est une bonne chose ? Parce qu'augmenter les impôts comme mes adversaires l'ont fait pendant des années serait inacceptable.
4. Ajouter un grain de sable à trois ou quatre autres grains de sable ne produira pas un tas de sable. Par conséquent, peu importe combien de grains de sable on met ensemble, on ne sera jamais capable de créer un tas de sable.
5. Je t'assure que je suis toujours sincère, puisque je ne mens jamais.
6. Puisque la pornographie n'est pas de l'art, elle ne vaut rien. On doit donc l'interdire.
7. Fumer une cigarette n'aurait certainement aucun effet négatif. Mais fumer deux cigarettes ne peut être pire. Fumer trois cigarettes aurait sans doute les mêmes effets. Par conséquent, peu importe combien de cigarettes je fume, cela ne peut me causer du tort.
8. Un acte terroriste est une très mauvaise chose, car il provoque de nouveaux actes terroristes.
9. Comme tous les atomes de cette tasse sont invisibles, la tasse elle-même devrait être invisible.

Exercices D

Identifiez les sophismes commis dans les passages suivants. Justifiez votre réponse.

Tous les sophismes évoqués dans ce chapitre peuvent être présents.

1. Tu es un homme. Ton point de vue sur l'avortement ne peut donc pas être éclairé.
2. On a interrogé des milliers de personnes au Québec, et la majorité de ces gens nous ont dit qu'ils voteraient pour le Bloc Québécois aux prochaines élections. Le Bloc Québécois formera donc le prochain gouvernement canadien.
3. Cette voiture m'a presque écrasé. Les gens conduisent mal dans cette ville.
4. Bien sûr que la consommation de poisson rend plus intelligent! Prouve-moi le contraire!
5. L'adultère est immoral, car les relations sexuelles en dehors des liens du mariage vont à l'encontre des principes éthiques fondamentaux.
6. Tu dis que je devrais cesser de boire, mais tu es toi-même un alcoolique.
7. Une voiture consomme plus d'essence qu'un camion, car, selon une récente étude, les voitures consomment plus d'essence que les camions au Canada.
8. S'il vous plaît, monsieur l'agent, ne me donnez pas de contravention. Je sais que je viens de brûler un feu rouge, mais j'ai eu une semaine difficile : on vient de me congédier et, hier soir, j'ai perdu en finale du tournoi de curling.
9. Toute loi peut être remise en question par une autorité législative appropriée. Par conséquent, la loi de la gravité peut être révisée par l'autorité législative compétente.
10. Les trois dernières fois que je suis allé jouer au golf, il a plu. Je suis donc confiant qu'il ne pleuvra pas durant mon tournoi de golf samedi.
11. Je ne vois pas ce qui t'empêche d'arrêter de fumer. Les présidents des compagnies de tabac l'ont répété à plusieurs reprises : la cigarette ne crée pas de dépendance.
12. Le sénateur Garneau soutient que nous devons augmenter le salaire minimum. Il est regrettable de nos jours qu'un politicien défende encore le communisme.

13. La circulation du courant électrique est comme l'écoulement de l'eau dans un tuyau. Si le tuyau est en pente, l'eau s'écoule plus rapidement. De même, si on inclinait un fil électrique dans la bonne direction, le courant circulerait plus rapidement.
14. Vous ne devriez pas hésiter à laisser vos enfants regarder le canal Adrénaline. Il n'y a aucune étude qui montre de façon concluante que la violence à la télévision augmente la violence chez les téléspectateurs.
15. J'ai agi de façon responsable lorsque j'ai brûlé le feu rouge. La preuve est que lors de mon procès, même le juge m'a dit que j'étais responsable de mon action.
16. Jutras est responsable de la mauvaise situation économique, car celle-ci a commencé à décliner au moment où il a été élu.
17. Pourquoi je suis devenu criminel ? Une carrière de policier ne me tentait pas du tout.
18. Selon un sondage récent, 80 % des Canadiens pensent que l'on devrait rétablir la peine capitale. Il est temps que les politiciens se rendent compte de la valeur morale de la peine de mort.
19. Les résultats de l'étude de Pépin, selon lesquels la consommation d'alcool n'a aucun effet sur la maladie d'Alzheimer ne peuvent être vrais, car l'étude était subventionnée par les compagnies de bière.
20. Avec un billet de loterie, tes chances de gagner sont très minces. Elles sont encore très faibles si tu achètes deux billets. La situation sera essentiellement la même si tu as trois billets. Par conséquent, peu importe combien de billets tu achètes, tu n'as pratiquement aucune chance de gagner.
21. Chaque phrase du livre est bien écrite. Le livre est donc bien écrit.

RAPPEL DES SOPHISMES

1. Les prémisses non pertinentes

L'appel à la popularité
La croyance que *p* est très populaire. Faire *x* est très populaire.
∴ *p*   ∴ *x* est acceptable.
  (Ou ∴ On devrait faire *x*.)

L'appel à l'autorité non qualifiée
Une certaine autorité (non qualifiée) affirme que *p*.
∴ *p*

L'attaque contre la personne
A soutient que *p*.
A a le trait négatif *F*.
∴ Non *p*

La caricature
A soutient que *p*.
p est équivalent à *q* (où *q* est manifestement problématique).
∴ Non *p*

L'appel aux émotions
Je sens que *p*.
(Ou : Si vous êtes à l'écoute de vos émotions, vous allez être d'accord avec moi que *p*.)
∴ *p*

2. Les inductions fautives

La preuve par l'ignorance
Il n'y a pas de preuve que non *p*.   Il n'y a pas de preuve que *p*.
∴ *p*   ∴ Non *p*

Le sophisme du joueur
L'événement x s'est produit souvent (rarement) dernièrement.
∴ La probabilité que *x* se produise de nouveau est faible (élevée).

La généralisation hâtive
n pour cent des membres d'un échantillon (inadéquat) de *F* sont *G*.
∴ Environ *n* pour cent des *F* sont *G*.
(Un échantillon est inadéquat s'il n'est pas aléatoire ou s'il n'est pas assez grand.)

L'analogie défectueuse
A et B possèdent tous deux les traits $F_1, F_2, F_3, \ldots$
A possède aussi le trait *G*.
∴ B possède le trait *G*.
(L'analogie est défectueuse lorsque le degré d'analogie entre A et B n'est pas suffisamment élevé ou que les traits de ressemblance ne sont pas pertinents.)

RAPPEL DES SOPHISMES (SUITE)

Le lien causal douteux
    Il y a une corrélation entre x et y.
    ∴ x est la cause de y.

3. Les raisonnements mal construits

L'équivoque
La signification d'un mot clé varie d'une occurrence à l'autre, ou l'usage d'un mot est confondu avec sa mention.

La composition
    Les parties de x sont F. (Ou : Certaines parties de x sont F.)
    ∴ x est F.

La division
    x est F.
    ∴ Les parties de x sont F. (Ou : Certaines parties de x sont F.)

Le faux dilemme

Options non exhaustives :	Options non exclusives :
p ou q	p ou q
Non p	p
∴ q	∴ Non q

La pétition de principe
    q (où q est synonyme de p ou présuppose p)
    ...
    ∴ p

La pente savonneuse
    x_1 est F.
    Il n'y a pas de différence importante entre x_2 et x_1.
    Il n'y a pas de différence importante entre x_3 et x_2.
    ...
    Il n'y a pas de différence importante entre x_{n+1} et x_n.
    ∴ x_{n+1} est F.

Raisonnement par effet d'entraînement*
    Si nous faisons x_1, alors x_2 va se produire.
    Si x_2 se produit, alors x_3 va se produire.
    Si x_3 se produit, alors x_4 va se produire.
    ...
    Si x_n se produit, alors x_{n+1} va se produire.
    x_{n+1} est nettement inacceptable.
    ∴ Nous ne devrions pas faire x_1.

* Cette construction n'est pas un sophisme.

Table des matières

Introduction 9

1 Qu'est-ce qu'un raisonnement ? 11
   1. Définitions 11
   2. Les indicateurs d'inférence 15
   3. La forme standard 17
   4. Les raisonnements complexes 19
   5. Les énoncés implicites 21
   6. Questions, ordres et exclamations 23
   7. Raisonnements et explications 25

2 L'analyse des raisonnements 31
   1. Les schémas en arbre 31
   2. La vérification d'un schéma 35
   3. La reformulation d'énoncés 38
   4. Les énoncés superflus 39
   5. Les énoncés répétés 40
   6. Les énoncés complexes 41
   7. Les énoncés emboîtés 42
   8. Les prémisses impliquées dans plus d'une inférence 43
   9. Les prémisses indépendantes 45
  10. Les conclusions indépendantes 47

3 L'évaluation des raisonnements 51
   1. Les raisonnements déductifs 51
   2. Quatre cas 52
   3. Possibilité logique et possibilité naturelle 54
   4. Les mondes possibles 56
   5. Les raisonnements inductifs 60
   6. Autres définitions 63
   7. L'évaluation des raisonnements complexes 64
   8. Les raisonnements comportant des prémisses indépendantes 67

4 Les raisonnements déductifs — 71
1. La forme logique des énoncés — 71
2. La symbolisation d'énoncés complexes — 78
3. Les règles d'inférence — 80
4. Deux formes de raisonnement non valides — 84
5. Les équivalences — 88
6. Vérité nécessaire, vérité contingente et contradiction — 90

5 Les raisonnements hypothétiques — 97
1. La preuve conditionnelle — 97
2. La preuve par l'absurde — 100

6 Les raisonnements catégoriques — 107
1. Les énoncés universels — 107
2. Les énoncés existentiels — 110
3. Les raisonnements catégoriques — 112

7 Les raisonnements inductifs — 121
1. Le syllogisme statistique — 121
2. L'exigence des données complètes — 123
3. La généralisation statistique — 124
4. Le problème de l'induction — 127
5. Le raisonnement par analogie — 130

8 L'analyse causale — 137
1. Les corrélations — 137
2. La causalité — 143
3. Les méthodes de Mill — 147

9 Les sophismes — 157
1. Les prémisses non pertinentes — 157
2. Les inductions fautives — 163
3. Les raisonnements mal construits — 168

AUTRES TITRES DISPONIBLES DANS LA COLLECTION PARAMÈTRES

Éléments de logique contemporaine
François Lepage

Introduction à la métaphysique
Jean Grondin

Lexicologie et sémantique lexicale
Notions fondamentales
Alain Polguère

La terminologie : principes et techniques
Marie-Claude L'Homme

Constructions méconnues du français
Christine Tellier et Daniel Valois

Culture mobile
Les nouvelles pratiques de communication
André H. Caron et Letizia Caronia

Séduire par les mots
Pour des communications publiques efficaces
Jean Dumas

Faire dire
L'interview à la radio-télévision
Claude Sauvé

**PROTÉGEONS
NOS FORÊTS**

CE LIVRE A ÉTÉ IMPRIMÉ AU QUÉBEC EN OCTOBRE 2015
SUR DU PAPIER ENTIÈREMENT RECYCLÉ
SUR LES PRESSES DE MARQUIS IMPRIMEUR.